W0356165

Ingeburg Kanstein: Studium an der Staatlichen Hochschule für Musik, Darstellende Kunst, Stuttgart; Theaterengagements u. a. in Stuttgart, Frankfurt, Berlin; Fernsehrollen; Hörspielautorin (Schulfunk und Jugendprogramme); Mitarbeit an der Rundfunkserie «Papa, Charly hat gesagt...» (rororo Nr. 1849, 4071, 4362, 4645, 5139, 5545, 12336); Drehbücher für das Schulfernsehen und Kindertheaterstücke; Arbeitsstipendium der Hamburger Kulturbehörde 1981; lebt in Hamburg. Veröffentlichungen: «Abhauen – die letzte Chance?» mit Manuel O. (rotfuchs 155); «Versuch zu leben»; «Der soll zu uns gehören?» (rotfuchs 338) u. a.

Ingeburg Kanstein

Barfuß übers Stoppelfeld

Eine Kindheit

rororo

Rowohlt

rororo rotfuchs
Herausgegeben von Ute Blaich und Renate Boldt

16.–18. Tausend April 1993

Veröffentlicht im Rowohlt Taschenbuch Verlag GmbH,
Reinbek bei Hamburg, Dezember 1987
Copyright © 1985 by Cecilie Dressler Verlag, Hamburg
Umschlagillustration Cornelia Funke
rotfuchs-comic Jan P. Schniebel
Copyright © 1987 by Rowohlt Taschenbuch Verlag GmbH,
Reinbek bei Hamburg
Alle Rechte an dieser Ausgabe vorbehalten
Gesetzt aus der Garamond (Linotron 202)
Gesamtherstellung Clausen & Bosse, Leck
Printed in Germany
790-ISBN 3 499 20465 7

Inhalt

Räuberspiele

«Heho – los! Fangt die Räuber! Alle hinterher! An die Bäume mit den Räubern!»
Susanne rannte los, in der einen Hand die Mohrrübe, die sie gerade aus Omas Gemüsegarten geklaut hatte. Susanne war fünf Jahre alt und hatte schnelle, kurze Beine.
Das Spiel begann.
Nur Hans und Eva, kaum älter als sie, ebenfalls «Räuber», folgten ihr in kurzem Abstand. Weiter hinten kam die Meute der «Gendarmen». Das waren die größeren Kinder.
Sie alle wohnten in den Häusern auf dem Berg, der das Mittelstück der Kieselbachstraße bildete. Hügelan führte sie aus der Stadt hinaus, von Feldern gesäumt, und oben standen die neun Häuser in fast gerader Reihe: vier große, etwas heruntergekommene Villen mit kleinen Parks und Zäunen drum herum und drei häßlichgraue Mehrfamilienhäuser. Dann waren da noch – genau in der Mitte – zwei kleine spitzgiebelige Häuser. Sie hatten kleine Vorgärten mit Birken und Trauerweiden, die durch einen schmiedeeisernen Zaun mit Zementpfeilern von der Straße getrennt waren, und hinten Gemüsegärten.

In einem dieser Häuser wohnte Susanne in der einen Hälfte. Und in der anderen Hälfte wohnten Eva und Lena. Eva war Susannes beste Freundin.
Auf der anderen Straßenseite, in sanften Hügeln ansteigend, reichten die Getreide- und Kartoffelfelder der Bauern bis in den Himmel.
Hinter den Häusern und Gärten begann eine wilde Landschaft. Hier gab es Wiesen- und Moorgrund, gelbe Lehmhalden, Gräben und kleine Tümpel, steile Hügel mit kleinen Wäldchen und dazwischen immer wieder Buschwerk. Susanne schlug Haken wie ein Hase, als sie über die feuchte Wiese lief, suchte die schmalste Stelle, um einen Graben zu überspringen, und lief hinein in den Farnwald. Nur nicht an die Käfer mit ihren grünglänzenden Panzern und den Knotenbeinen denken, nicht an die Spinnen, die Susanne so eklig fand. Nur weiter, weiter. Diesmal sollten die anderen sie nicht wieder an einen Baum binden wie beim letztenmal. Da hatten sie Susanne einfach vergessen. Es war dunkel geworden, und sie war ganz allein gewesen und hatte sich gefürchtet. Sie hatte geschrien und geweint, aber niemand war gekommen. Als die suchenden Nachbarn sie endlich fanden, war sie ganz leergeweint und hatte bloß noch gezittert. Nein, das sollte ihr nicht noch einmal passieren. Diesmal nicht. Weiter, nur weiter, raus aus dem Farn, den glitschigen Lehmhügel hinauf, den kleinen Weg gekreuzt und hinein in die Brombeerbüsche. Was

machte es, daß die Stacheln Beine und Gesicht zerkratzten, daß sie mit ihren nackten Füßen plötzlich auf Schnecken und Würmer treten könnte? Nur weiter. Dann stehenbleiben und lauschen. War jemand hinter ihr her? Vielleicht Klaus, einer der Größten und Stärksten, der mit seinem Taschenmesser Würmer zerteilte oder Käfer durch die alte Kaffeemühle drehte? Der ihr Spinnen auf den Kopf setzte und lachte, wenn sie vor Ekel weinte? Nein, alles war still, keine Äste knackten. Sie war außer Gefahr. Für diesmal. Aber vielleicht suchten die anderen überhaupt nicht? Wollten nur wieder alleine losziehen? Darum spielten sie doch das Spiel. Immer wieder. Und immer wieder fiel Susanne darauf herein.
Sie fühlte etwas Rauhes, Hartes unter ihrem Fuß. Sie bückte sich. Eine Eisenschraube, alt und verrostet. Susanne putzte sie an ihrem Spielhöschen ab. Die Schraube würde sie der Mutter mitbringen, die würde sich freuen. Für altes Eisen kriegte man Geld. Und vielleicht würde Mutter lächeln oder ihr gar übers Haar streichen? Ach nein, das tat Mutter nur bei Roswitha, genau wie Oma. Roswitha, Susannes Schwester, das liebe, stille Mädchen mit den schönen blonden Locken, die Oma stundenlang bürstete. Und immerzu wühlte Roswitha darin herum und drehte sich die Haarspitzen um die Finger. Wenn sie so dasaß, den Kopf etwas schiefgelegt, eine Hand in den Locken, und dann die Leute schielend ansah, sagten alle: «Wie süß sie ist, wie ein kleiner Engel.»

Roswitha war gut ein Jahr älter als Susanne, und doch wurde sie verhätschelt, als sei sie die Kleinere. Und alles nur, weil Roswitha diesen blöden Sehfehler hatte. Susanne war das böse Kind, die Heulsuse, Kratzbürste, ewig dreckig und verschmiert. «Rotznase», sagten Mutter und Oma, oder «Igel». Wegen ihrer struppigen Haare.

Die Eisenschraube fest in der einen Hand, in der anderen die angebissene Möhre, arbeitete sich Susanne langsam aus dem Dickicht. Plötzlich stand sie nah am Abgrund des Lehmberges. Was jetzt? Zurück durch die Brombeersträucher mit den Stacheln? Oder runterrutschen? Aber das machte einen pappigen, gelben Hosenboden. Und dafür gab es Prügel mit dem Teppichklopfer. Egal, jetzt war der Nachmittag sowieso schon verdorben. Bestimmt waren die Großen wieder allein losgezogen, um irgendwo an ihrer geheimen Höhle zu bauen.

Aber wo waren Eva und Hans?

Susanne paßte es nicht, daß die beiden allein waren. Hans war doch ihr Freund, sie wollten einmal heiraten. Jedenfalls hatten sie sich das vor einiger Zeit versprochen. Hans hatte behauptet, wenn man heiratet, dann muß man auch Kinder haben, und er wollte ihr auch gleich eins machen. Susanne war mit allem einverstanden gewesen. Heimlich waren sie losgezogen. Und an einem Graben zwischen den Kartoffelfeldern hatte

Hans ihr befohlen, sich ins Gras zu legen und das Höschen herunterzuziehen. Susanne wollte erst nicht und hatte schließlich doch nachgegeben: «Aber nur bis zum Bauchnabel!» Das hatte ihm genügt. Er hatte sich breitbeinig über sie gestellt, seinen Hosenladen geöffnet und ihr auf den Bauch gepinkelt. Susanne fand das eklig. Empört war sie aufgesprungen und davongerannt, nachdem sie Hans angeschrien hatte, daß sie dann lieber keine Kinder haben wolle. Da hatte Hans ihr nachgerufen, daß sie blöd wäre und er sich eine andere Frau suchen würde. Damals war es ihr egal gewesen. Aber daß er jetzt immer mit Eva zusammen war, gefiel ihr überhaupt nicht.

Sie rutschte den Lehmberg hinab – und landete direkt vor Arnos Füßen. Wie aus dem Nichts war er plötzlich aufgetaucht und packte sie.

«Nicht anbinden, Arno, bitte nicht anbinden!» bettelte sie. Arno lächelte, und seine roten Haare funkelten in der Sonne. «Keine Angst, Susi, ich tu's ja nicht. Sei still!» Er ließ sie los. «Du willst wohl, daß wir wieder Kloppe kriegen, was?» fragte er dann vorwurfsvoll. «Du weißt doch, daß du nicht auf dem Lehm rutschen sollst.»

Arno war schon zwölf, mit Klaus und Johannes gehörte er zu den Älteren der Gruppe. Was aber noch mehr zählte: Er war Susannes richtiger Onkel. Wenn er so ernsthaft mit ihr sprach, hatte sie großen Respekt vor

ihm. Außerdem hatte sie ihn gern, weil er immer zu ihr hielt, wenn sie sich mit ihrer Schwester zankte. Dafür steckte er gelegentlich sogar Prügel ein.
Schuldbewußt sah sie zu ihm auf. «Ich konnte nicht mehr zurück. Ist es schlimm?» Sie streckte ihm ihren Hosenboden entgegen.
Arno klatschte kurz darauf. «Geh zum Tümpel da drüben und hock dich rein. Und dann reib ein bißchen, vielleicht geht es raus.»
«Und was machst du?» wollte Susanne wissen. «Und wo sind die anderen?»
Arno schob sie vorwärts. «Das geht dich nichts an, das ist unser Geheimnis.»
«Spielen wir denn nicht weiter?» fragte Susanne.
Arno schüttelte den Kopf. «Nein, wir haben es uns anders überlegt.»
Susanne maulte: «Das tut ihr immer. Ich weiß genau, daß ihr euch eine Höhle baut. Und uns wollt ihr nicht dabeihaben.»
«Genau», sagte Arno und grinste.
Susanne zog die Nase hoch. «Also gut.» Sie ging ein paar Schritte, drehte sich aber noch mal um und sagte ängstlich: «Das Wasser ist bestimmt kalt!»
«Und Opas Riemen tut weh», sagte Arno.
Das genügte. Susanne ging langsam zum Tümpel, ohne sich noch einmal umzusehen.

Opa

Opa war der einzige Mann in den Häusern auf dem Berg. Alle anderen Männer waren im Krieg. Opa war schon im ersten Weltkrieg gewesen. Er war schwer verwundet worden und humpelte seitdem. Deswegen brauchte er nicht fort in diesen zweiten Krieg. Opa schimpfte viel über einen, der hieß Adolf Hitler. Der war an allem schuld, sagte Opa. Der war auch schuld, daß Opas sechs Söhne fort waren, genau wie die anderen Männer aus den Häusern auf dem Berg.

Susanne war froh, daß sie ihren Opa hatte.

Und die Nachbarn auch.

Opa war immer da, wenn man ihn brauchte. Wenn ein Schlauch in der Waschküche platzte, wenn irgendwo in der Nachbarschaft ein Abfluß verstopft war, wenn Schuhe repariert oder Haare geschnitten werden mußten. Wenn es galt, Mäuse zu fangen oder Ratten zu vertreiben. Manchmal ertränkte er auch kleine Katzen. Aber daran dachte Susanne lieber nicht. Er schaufelte Schnee und arbeitete in den Parks der reichen Leute. Er fegte die Wege und beschnitt die Bäume. Manchmal nahm er Susanne mit und nannte sie dann «Köbes», was soviel wie «Jakob» hieß und eine Auszeichnung war, weil das ja ein Jungenname ist. Er steckte ihr auch manchmal eine Möhre oder einen frisch gezogenen Kohlrabi zu, weil sie rohes Gemüse so gern aß. Heim-

lich mußte er das tun, weil Oma es verboten hatte. Oma wollte, daß Susanne mittags ihren Teller mit dem gekochten Gemüse leeraß oder ihre Suppe auslöffelte. Susanne mochte kein gekochtes Gemüse und Suppe schon überhaupt nicht. Oft saß sie stundenlang vor ihrem Teller und stocherte im Essen herum. Oma ließ sie nicht aufstehen, wärmte die Speisen immer wieder auf und ärgerte sich.
Oma war groß und kräftig, und sie schimpfte immer wieder mit Opa, wenn er Susanne Gemüse oder Obst zusteckte. Opa war klein und schmächtig. Aber wenn Oma so mit ihm schimpfte, lachte er sie meist aus.
Opa konnte gut Geschichten erzählen, abends am Herdfeuer in der großen Küche. Dann durfte Susanne auf seinem Schoß sitzen. Am liebsten hatte sie seine Friedhofsgeschichten. Wenn das Herdfeuer knisterte, die Flammen Schatten an die Wände warfen und Opa wie ein Gespenst flüsterte: «Gibst du mir meine Nase wieder her...», dann gruselte Susanne sich.
Ein Sack voller alter Holzklötze, ein Schaukelpferd, das von Opa jedes Jahr einen neuen Anstrich bekam und eine echte Roßhaarmähne, zwei Puppen, aus alten Leibchen und Wollsocken genäht und von Oma mit Gesichtern bestickt, ein abgegriffener Teddybär, mit dem schon die Mutter und die sieben Onkel gespielt hatten, ein paar Glasmarmeln und ein winziger Puppenherd mit verbeulten Kochtöpfen, das war alles an Spielzeug, was

Susanne und Roswitha besaßen. Aber da sie meist mit den anderen Kindern draußen spielten, vermißten sie nichts.
Trotzdem freute sich Susanne sehr, als Opa sie eines Tages mit einem Puppenrest überraschte. Die Puppe bestand nur noch aus einem Porzellankopf und einem prall mit Gras gefüllten Leib.
«Hier», sagte Opa, «um dieses Findelkind muß sich doch jemand kümmern. Sobald Oma ein Stückchen Leinen opfert, werde ich ihr wieder Beine und Arme annähen. Na, wie gefällt sie dir? Und wie sollen wir sie nun nennen?»
Susanne hielt mit einer Hand den schweren Porzellankopf fest und strahlte den Opa an. «Für mich, Opa? Für mich ganz allein?» fragte sie ungläubig.
Opa nickte lächelnd. «Ganz allein für dich. Für Köbes und Susi.»
Susanne reckte sich zu Opas Gesicht hoch und gab ihm einen Kuß. «Danke, Opa, danke. Spielst du auch Taufe mit mir?»
Opa hielt nichts von Taufe, von Kirche und Religion. Aber jetzt antwortete er: «Na gut, wenn es sein muß, morgen nachmittag.»
Am nächsten Tag ging Susanne nicht mit den anderen Kindern spielen. Sie holte ihr Trikotunterhemdchen, das sie nur sonntags tragen durfte, aus dem Schrank und eine der blauen Schleifen, mit denen Roswithas blonde Lok-

ken an Feiertagen zusammengebunden wurden, wikkelte die Puppe darin ein und trug sie feierlich in den Hof. Dort stand unter einem kleinen Kirschbaum immer noch der Trog, aus dem früher die Gänse und Hühner ihr Wasser getrunken hatten. Jetzt gab es keine Hühner und auch keine Gänse mehr. Weil es so wenig Fleisch zu kaufen gab, waren sie längst alle aufgegessen.
Der Trog war geputzt und mit frischem Wasser gefüllt. Daneben stand Opa im hellen Herbstsonnenschein und lachte. Er hatte sich seine schwarze Weste angezogen, seine Sonntagshosenträger an die alte, mit Flicken besetzte Schlabberhose geknöpft und schaute feierlich drein.
Oma hatte hinter ihm hergeschimpft: «Mußt du alter Schwachkopf dich so zum Narren machen? Hast du nichts Gescheiteres zu tun?»
Aber Opa stand lachend da und fragte: «Nun, Herr Köbes und Frau Susi, wie soll das Unglückswurm heißen?»
Susanne, die solche Spiele über alles liebte, versuchte, es möglichst in die Länge zu ziehen. So wand und zierte sie sich, spielte abwechselnd Vater Köbes und dann Mutter Susanne, geriet mit sich in Streit wegen der Namen, die ihr so einfielen, und lachte mit Opa über «Prinzessin Beinlos» oder «Dicke Wampe». Dann endlich hatte sie sich mit Opa als Berater und Pfarrer geeinigt. «Lumpenliesel» wurde die Puppe genannt.

Später bekam sie von Opa tatsächlich neue Gliedmaßen. Der rechte Arm geriet länger als der linke, und der linke Fuß zeigte nach hinten, weil Opa das Bein falsch angenäht hatte. Aber das machte nichts. Susanne liebte ihre Lumpenliesel und nahm sie überall mit, später sogar in die Schule. Bis Lumpenliesel, noch viel, viel später, von «Lumpi» vollständig zerfetzt wurde.

Vor Opa hatten alle Kinder großen Respekt. Besonders wenn er auf seiner alten Trillerpfeife pfiff, die er bei sich trug wie andere Männer eine Taschenuhr. Das hieß: vor Opa im Hof antreten wie die Orgelpfeifen. Mindestens zwölf Kinder standen dann da in einer Reihe hintereinander, von Arno, dem größten, bis Susanne, die die kleinste war. Und wenn auch nur einige etwas angestellt hatten, zum Beispiel Obst aus den Gärten geklaut hatten oder über die Zäune der Villengrundstücke geklettert waren, verteilte Opa seine Strafe gleichmäßig auf alle Kinder. Er zog langsam seinen Gürtel aus den Schlaufen, drückte die Oberkörper der Kinder nach vorn über den Holzklotz und schlug zehnmal kräftig zu. Wenn Susanne endlich an der Reihe war, schon zitternd vor Angst, machte er keine Ausnahme. Er brummelte nur: «Ja, du auch, du gehörst ja dazu, Köbes.»

Opa konnte sehr streng sein.

Briefe

Nach einem heftigen Gewitter prasselte warmer Regen auf die Straße. Die Kinder hüpften mit ihren nackten Füßen in den Pfützen herum. Susanne vermißte Eva und rannte zu Harbrechts, um sie zu holen. Die Füße voller Matsch, stürzte sie in den Flur.
«Eva, komm, es regnet so schön warm. Lena komm!» rief sie. «Wir wollen einen Staudamm bauen.»
Frau Harbrecht öffnete die Tür. «Heute nicht, Susi. Lena und Eva bleiben heute drinnen. Wir feiern den Geburtstag ihres Vaters.»
«Ist er denn da?» fragte Susanne neugierig.
«Nein.» Frau Harbrecht lächelte. «Aber wir feiern doch jedesmal seinen Geburtstag. Und heute haben wir sogar einen besonderen Grund.»
Susanne warf einen Blick ins Wohnzimmer. Der Tisch war weiß gedeckt, und darauf standen ein herbstlicher Blätterstrauß und ein kleiner Kuchen. Zwei Kerzen rahmten die Fotografie von Evas und Lenas Vater. Ein junger Mann in Uniform lächelte aus dem Silberrahmen.
Eva und Lena saßen frisch gewaschen und gekämmt am Tisch. «Hier, wir haben ausgerechnet heute einen Brief von ihm gekriegt!» rief Lena und schwenkte ein Stück graues Papier. «Er ist an der Ostfront. Es geht ihm gut, und bald ist er wieder bei uns.»

«Wir haben heute auch einen Brief gekriegt», log Susanne.
«Ach, wie schön. Von wem denn? Da wird sich deine Oma aber freuen. Welcher der Jungs schreibt denn?» wollte Frau Harbrecht wissen.
«Nicht von einem Onkel, von meinem Papi», log Susanne weiter.
«Von deinem Papi? Der ist doch tot!» rief Eva dazwischen.
«Ach, Susi...» Frau Harbrecht seufzte und strich Susanne übers stopplige Haar.
«Nein, das ist er nicht!» schrie Susanne und zog den Kopf weg. «Er hat geschrieben, daß er bald kommt und mich dann nie mehr allein läßt. Und er kommt noch viel früher als euer Papi!»
Sie fühlte, wie ihr Tränen aufstiegen, und rannte hinaus. Nein, nicht vorn herum. Da spielten die anderen. Die sollten sie jetzt nicht sehen.
Hinten herum, an der leeren Schreinerwerkstatt vorbei, vorbei am Plumpsklo, um die Misthaufen herum und dann rein in den leeren Stall. Ein leerer, kalter Stall. Aber sie war allein. Sie kuschelte sich schluchzend an die abbröckelnden, geweißten Wände.
«Nein, mein Papi ist nicht tot, er ist an der Ostfront, und es geht ihm gut. Bald kommt er nach Hause und bringt mir schöne Kleider mit. Und er sagt nicht Susi zu mir oder Igel oder Rotznase. Er hat mich nämlich lieb.

Ich darf in seinem Bett schlafen. Und mit Mutter wird er schimpfen, weil sie immer so nervös ist und mir nie zuhören will.»

Susanne wollte nicht glauben, was sie erlebt hatte und woran sie sich sehr genau erinnerte.

Sie waren damals lange mit dem Zug gefahren, Mutter, Oma, Roswitha und sie. In den Schwarzwald. Sie wollte sich nicht erinnern an den schönen Frühling und Sommer. Sie hatten in einer Pension gewohnt und waren jeden Tag unter der Bahnunterführung hindurch den Hang hinauf zu dem großen weiß-grauen Haus mit der grünen Tür gegangen. Sie wollte sich nicht erinnern an den langen Flur mit den vielen Türen. Hinter einer dieser Türen hatte in einem weißen Bett ein schöner junger Mann gelegen, der Spiele mit ihr spielte, zum Beispiel «Es geht ein Mann die Treppe rauf». Ein junger Mann, der selten lächelte, meist mit der Mutter sehr ernst sprach, der Omas Hand hielt, eindringlich auf sie einredete und manchmal weinte.

An einem sonnigen Herbsttag zogen Oma und Mutter plötzlich schwarze Kleider an, und diesmal gingen sie nicht in das Haus mit der grünen Tür. Roswitha und Susanne mußten allein im Pensionszimmer bleiben. Auch am nächsten Tag. Die Wirtin war plötzlich sehr lieb zu ihnen, der Wirt nahm die beiden mit in den Wald zum Holzschlagen, sie bekamen doppelten Nachtisch und den Rat, jetzt besonders leise und brav zu sein.

Susanne begriff von all dem nichts. Roswitha auch nicht, obwohl sie ständig sagte: «Ich glaube, Papi ist tot.»
Sie waren beide noch ziemlich klein.
Dann kam dieser trübe, grau-kalte Vormittag. Obwohl kein Sonntag war, mußten Susanne und Roswitha ihre karierten Sonntagsmäntel anziehen und die weißen Mützen aufsetzen. Oma setzte ihren guten Filzhut auf, und Mutter sah verheult und ganz und gar schwarz aus.
So gingen sie gemeinsam hinter einer schwarzen Kutsche her, die von zwei schwarz behängten Pferden gezogen wurde, durch die kleine Stadt, einen Hügel hinauf. Dort war der Friedhof, und mittendrin stand eine Kirche. Die Glocken läuteten, Kerzen brannten, die Orgel spielte.
Susanne fürchtete sich. Vor der braunen Holzkiste, die hereingetragen wurde, vor dem Mann im schwarzen Kleid mit dem silbernen Gefäß, aus dem stinkender Qualm kam, der in den Augen brannte. Und sie fürchtete sich vor dem fremden Mann, der so streng aussah und leise mit Mutter und Oma zankte. Der sollte plötzlich auch ein Opa sein.
Dann wurde die braune Holzkiste hinausgetragen und in ein tiefes Loch gesenkt. Susanne mußte, wie zuvor die gehorsame Schwester, das stinkende silberne Gefäß, das an einer Kette hing, in die Hand nehmen. Mußte nah, ganz nah an das tiefe Loch herangehen und das Gefäß

herumschwenken. Dabei sollte sie daran denken, daß ihr Papi nun tot wäre, zu Staub würde und in den Himmel flöge. Aber Susanne wollte keinen Papi aus Staub und auch keinen im Himmel.
Nein, das war nicht ihr Papi, den man dort in dieser Holzkiste in die Erde versenkt hatte. Vielleicht war es auch gar nicht ihr Papi, den sie immer im Lazarett besucht hatten. Ihr Papi würde ihr Briefe schreiben und sie liebhaben und sie beschützen.
Sollten Eva und Lena und Frau Harbrecht sich nur freuen. Eines Tages, so glaubte Susanne, müßte sie viel, viel glücklicher sein als alle anderen Menschen, weil dann ihr Papi endlich bei ihr wäre.
Sie wischte sich die Tränen ab, schlich ins Haus, hinauf ins Kinderzimmer, um das Foto anzusehen, das überm Bett hing. Ein ernster junger Mann mit blonden Haaren und einem blinden Auge. Nicht einmal vierundzwanzig Jahre alt.

Bombennächte

Susannes Papi kam nicht, und die anderen Väter kamen auch nicht. Der Krieg ging weiter. Flugzeuge kamen, die warfen Bomben ab, manchmal täglich, oft mehrmals hintereinander. Da war zuerst dieses dumpfe Brummen,

noch bevor man sie sah: dicke Flugzeuge mit runden Bäuchen, immer in Scharen kamen sie und immer so bedrohlich laut und nah.
Susanne wußte wie alle anderen Kinder, was sie dann zu tun hatte. Ganz schnell sollte sie sich ganz flach auf den Boden werfen, die Arme schützend über den Kopf legen und abwarten, bis der Lärm, der in den Ohren schmerzte, nachließ.
Dann waren sie vorübergeflogen. Dann war die Gefahr vorbei.
Am schlimmsten war es nachts, wenn es dunkel war.
Wenn die Alarmsirenen heulten, rannten die meisten Leute in ihre Keller oder in den Bunker, der nicht weit entfernt am Hang des Berges war.
Opa wollte das nicht. Opa sagte immer: «Wenn es uns trifft, dann draußen, dann will ich dem Feind ins Gesicht sehen und mich nicht verkriechen wie eine Maus.»
Wenn nachts die Alarmsirenen heulten, dann hieß das, aus dem Bett springen, die Trainingsanzüge anziehen, wenn man nicht schon vorsichtshalber in ihnen schlafen gegangen war, sich die Bettdecke umwickeln und schlaftrunken hinter Opa und Oma hinaus in den Garten stolpern.
Mutter wollte nie aufstehen. Ihr sei alles egal, behaupete sie. Susanne heulte jedesmal, zerrte an der Mutter und bettelte, sie möge doch endlich aufstehen und mitkom-

men. Die Mutter schlug nach ihr, schrie sie an, aber meistens stand sie dann doch auf und kam mit hinaus.
Draußen versammelten sich alle um Opa. Auch aus den anderen Häusern kamen Frauen mit ihren Kindern zu ihnen herüber. Sie drängten sich unter den Obstbäumen zusammen und beobachteten ängstlich den Nachthimmel, die blitzenden Pfeile der Flak-Abwehr, den roten Feuerschein brennender Städte, der mal näher, mal weiter weg war. Manchmal fielen glühende Klumpen vom Himmel.
«Phosphor», sagten die Erwachsenen und stöhnten. Sie dachten an die Menschen, die darin verbrennen mußten.
«Vielleicht trifft es ja den Alten», sagte Mutter in einer dieser Nächte. Und Susanne wußte, daß sie damit den fremden Opa meinte, der in Essen wohnte. Warum Mutter so böse von ihm sprach und Oma auch, wußte Susanne noch nicht. Sie hatte diesen fremden Opa nur das eine Mal gesehen, damals an dem schrecklichen Loch. Der Opa kam sie nie besuchen. Es gab keine Briefe, nie ein Geschenk, weder zum Geburtstag noch zu Weihnachten. Sie sprachen auch nie von ihm. Nur dies eine Mal: «Vielleicht trifft es ja den Alten.»
«Fliegen sie denn schon wieder nach Essen?» fragte jemand.
Susanne hörte die Gespräche der Erwachsenen in diesen Bombennächten.

«Bei Krupp soll es schon tagelang brennen.»
«Es ist nördlicher, kann Gelsenkirchen sein.»
«Liegt denn da überhaupt noch ein Stein auf dem anderen?»
«Wann hat dieser Wahnsinn endlich ein Ende?»
«Krügers Willi ist auch gefallen, im Osten.»
«Die arme Frau, das ist jetzt schon ihr dritter Sohn.»
So standen sie viele Nächte da draußen unter den Obstbäumen. In einer Nacht sauste eine «verirrte Bombe», wie Opa meinte, nah an ihren Köpfen vorbei. Die Druckwelle war so stark, daß alle in den nassen Gartenboden gepreßt wurden. Susanne lag unter der Mutter, wollte schreien, aber sie bekam keine Luft, Mutters Arm drückte ihr für einen langen Augenblick die Kehle zu. Dann hörten sie einen dumpfen Aufschlag, und gleich darauf krachte und klirrte es.
«Frau Harbrecht!» schrie Oma, sprang auf und wollte ins Haus.
«Bleib hier, runter mit dir!» rief Opa.
Da dröhnten wieder die schweren Maschinen über ihre Köpfe hinweg. Einige Leute, die schon aufgestanden waren, warfen sich wieder zu Boden, und Oma schlug der Länge nach in den Matsch. Aber sie blieb nicht lange liegen. Sie kümmerte sich nicht um die Flugzeuge, sprang wieder auf und rannte ins Haus.
«Frau Harbrecht, Frau Harbrecht!» rief sie. Und dann schrie sie. «Kommt her, kommt schnell her!»

Alle rannten ihr nach und sahen, was passiert war. Die Druckwelle hatte einen Teil der Mittelwand des Hauses zum Einsturz gebracht. Vom ersten Stock an bis zum Keller gähnte ein Loch zwischen den beiden Haushälften.

Unten, auf ihrer Seite, saßen Frau Harbrecht, Eva, Lena und der kleine Spitz ganz verschreckt in einer Ecke. Sie waren unverletzt.

Aber der Keller in der anderen Haushälfte war voller Steine und Mörtelberge. Hier hätte niemand überlebt. Omas Steintröge mit Sauerkraut und eingelegten Salzbohnen, die wenigen noch gefüllten Einmachgläser, alles war zertrümmert.

Tagelang war die ganze Familie damit beschäftigt, den Keller frei zu räumen. Auch Susanne wühlte in der Pampe aus Mörtel, Sauerkraut- und Birnensaft. Alles, was noch irgendwie eßbar war, wurde in Schüsseln gesammelt, abgewaschen und in die Küche getragen.

Oma fing immer wieder an zu weinen. Was sie den Sommer über mühevoll geerntet und eingeweckt hatte, war hin. Opa fluchte unablässig, schimpfte auf den «hirnlosen Idioten», der ihnen das alles eingebrockt hatte, diesen Adolf Hitler. Mutter schubste die Kinder herum. Sie war müde und erschöpft, denn sie mußte jeden Tag früh raus und in die Fabrik arbeiten gehen, wie viele Frauen zu der Zeit.

Was Oma in den nächsten Tagen aus den mühselig zusammengesuchten Resten kochte, schmeckte allen fast so gut wie das beste Festtagsessen. Salzbohnen und Sauerkraut, mit wenigen Kartoffeln zerstampft und mit ein paar Tropfen kostbaren Öls verfeinert, und davon soviel, wie jeder nur essen konnte, das war fast ein Wunder in dieser Zeit, in der es immer weniger zu essen gab. Und Maisbrei mit Birnenschnitzen oder Kirschen schmeckte auch Susanne wunderbar.

Dann ging es ans Steineklopfen. Einige Nachbarinnen und drei Soldaten, die auf Genesungsurlaub waren, halfen. Auch Arno und Susanne klopften und rieben an den Steinen herum. Später wurde die Mauer wieder notdürftig aufgeschichtet. Die Steine reichten nicht. Es blieben Löcher, die mit Decken und Säcken verhängt wurden. Von nun an mußten die Kinder nicht mehr ums Haus rennen, wenn sie einander sehen oder sprechen wollten. Sie schlüpften einfach durch die verhängten Lücken. Und manchmal abends, wenn sie eigentlich längst im Bett liegen sollten, saßen Eva und Susanne jede in ihrer Haushälfte und flüsterten durch die Mauerritzen.

Auch der Bombenkrater hatte seinen Reiz. Obwohl die Erwachsenen den Kindern verboten hatten, sich dort aufzuhalten, stiegen die Kinder in den Krater hinab und durchwühlten die Erde nach Bombensplittern. Jedes Stückchen Eisen war wertvoll. In dieser Zeit wurde eben alles gesammelt: jeder noch so alte Lappen, jedes Stückchen Glas und vor allem Metall.

Nicht nur Metall und Brennbares wurde gesammelt. In den letzten Kriegsmonaten wurden die Lebensmittel knapper. Viele Leute gingen zu den Bauern aufs Land und tauschten Bettwäsche, Silberbesteck und Familienschmuck gegen etwas zu essen.
Susanne und Roswitha mußten die Ohrringe hergeben, die Papi ihnen geschenkt hatte. Dafür bekam die Mutter vom Bauern Kartoffeln und ein Stück Speck.
Zu dieser Zeit wurden alle Korn- und Gemüsefelder von Männern mit Gewehren bewacht. Manche nahmen abgerichtete Hunde mit auf ihre Kontrollgänge. Die Kinder hatten nicht nur Angst vor den Wachhunden. Da sollte es noch die Roggenmuhme geben. Immer wieder drohten die Erwachsenen damit. Die sei schlimmer und häßlicher als alle Hexen zusammen, behaupteten sie. Die Roggenmuhme warte nur darauf, unartige Kinder zu fangen und wegzuschleppen.
Kein Kind hatte die Roggenmuhme je gesehen. Manchmal vergaßen sie sie einfach, wenn sie Verstecken spielten im Kornfeld. Dann vergaßen sie auch, daß jeder zertretene Halm weniger Korn, also weniger Mehl, also weniger Brot bedeutete. Zur Erntezeit kamen viele fremde Frauen und halfen, das gemähte Korn zu bündeln. Die Garben wurden zum Trocknen gegeneinander aufgestellt, so daß sie aussahen wie spitze Zelte.

Sobald die Garben abgefahren waren, wurden die Felder von den Bauern freigegeben, und die Bevölkerung durfte Ähren sammeln. Von überall und weither kamen Leute.
Das hieß auch für Susanne und die anderen Kinder, in brütender Sonnenhitze gebückt über die Felder zu gehen und die liegengebliebenen Halme aufzusammeln. Es gab keinen Schatten, und die Pausen waren kurz. Dann legten sie sich unter einen Baum oder nahmen schnell ein Bad im nahen Bach.
Nur Roswitha mit ihrem Sehfehler durfte den ganzen Tag hinter einem schattigen Busch sitzen und mit ihrer Puppe spielen. Nebenbei sollte sie auf die Sachen der anderen aufpassen, das bißchen Essen, das die Leute mitgebracht hatten. Manchmal knabberte sie fremdes Brot an oder trank den Leuten das Wasser weg. Aber wenn sie dann ausgeschimpft wurde, brach sie in Tränen aus und stammelte schluchzend: «Wenn du so mit mir schimpfst, dann muß ich heulen, siehst du, und heulen darf ich nicht, davon werden meine Augen schlimmer.»
Also wurde nicht mit ihr geschimpft. Nur wenn sie sich weigerte, auf dem Heimweg einen der vollen Säcke zu tragen, verlor Arno manchmal die Geduld und scheuerte ihr eine. Daheim bezog er dann Prügel von der Oma mit dem Teppichklopfer. Und Susanne wurde gleich mit verprügelt, «in einem Aufwasch», wie Oma sagte.

Oft und oft wünschte Susanne, die Roggenmuhme möge doch endlich die Schwester fangen.
Dann ging es ans Brötchenbacken. Aus den mitgebrachten Ähren schlug Oma die Körner heraus, die sie im Backofen trocknete und später durch die Kaffeemühle zu Mehl drehte. Nur mit Wasser und Salz angerührt und auf der Herdplatte gebacken, schmeckten die Brötchen wunderbar. Einen Teil der Körner sparte Oma. Sie wurden in der Bratpfanne geröstet, und dann wurde eine braune Brühe daraus gekocht, die man Kaffee nannte.
Nach dem Ährenlesen kam die Kartoffelernte. Susanne und die anderen Kinder, Oma und alle Nachbarinnen halfen den Bauern. Dafür bekamen sie mittags ein gutes warmes Essen und frische Milch. Kartoffelnernten war eine schwere Arbeit. Mehrere Tage hintereinander, ständig gebückt, mußten sie die Kartoffeln in Drahtkörbe sammeln, sie zum großen Wagen schleppen, ausleeren und das Ganze von vorn, Furche für Furche. Hände und Arme schmerzten, der Rücken tat weh. Susanne auf ihren kleinen Beinen mit den geschwollenen Füßen konnte am Abend kaum noch nach Hause laufen.
Wenn die Arbeit für die Bauern beendet war, ging es mit dem «Kartoffelhacken» weiter. Wieder durften die Leute nachlesen. Es lohnte sich, denn der Pflug hatte nicht alle Kartoffeln erwischt. Es gab Tage, da brachten Oma, Mutter, Arno und Susanne drei Zentner nach

Hause. Dann gab es am Abend zur Belohnung Bratkartoffeln in Bucheckernöl gebraten.
Öl konnte man nicht so ohne weiteres im Laden kaufen. Alles wurde nur noch auf Lebensmittelkarten ausgegeben, kleine Karten mit winzigen Abschnitten, auf denen stand: 100 Gramm Mehl oder 50 Gramm Zucker oder 50 Gramm Fett.
Fett war knapp, und deswegen zogen Susanne und die anderen Kinder im Herbst, wenn die Buchen ihre Früchte abwarfen, in die Wälder. Die Kinder sammelten Bucheckern, kleine, dreieckige Kerne, die häufig erst noch aus ihrer stacheligen Umhüllung herausgebrochen werden mußten. Um einen Zehnlitereimer mit diesen kaum fingernagelgroßen Kernen zu füllen, mußten die Kinder stundenlang sammeln. Sie rutschten auf Knien durch das feuchte, kühle Waldlaub, und dann kam der endlose Heimweg. Abends wurden die Kerne geschält. Die harten, spitzen Schalen rissen die Fingerkuppen auf, die tagelang schmerzten. Aber aus den Kernen wurde herrliches Öl gepreßt. Und Bratkartoffeln in Öl gebakken waren Susannes Lieblingsgericht.

Oma

Der letzte Kriegswinter war bitterkalt. Die Kinder konnten auf dem Eis des Bombenkraters, der sich mit Grundwasser gefüllt hatte, um die Wette rutschen.
Im Haus wurde es eiskalt. Immer zog es durch die notdürftig geflickte Mittelwand, und Kohle war, wie alles andere, knapp. Oft ging Susanne mit dem Opa los und sammelte auf den Bahngeleisen die Kohlen auf, die von Lokomotiven heruntergefallen waren. Es waren nicht viele, nur hier und da mal eine. Und andere Leute sammelten auch. Mit Mühe bekamen Opa und Susanne einen Eimer voll.
Im Haus wurde nur die Küche und selten Mutters Zimmer geheizt. An allen Fenstern blühten Eisblumen. Abends wurden Backsteine im Backofen aufgeheizt. In Handtücher eingewickelt, wurden sie in die Betten gelegt. Schlafengehen im Winter war herrlich. Es war die einzige Zeit am Tag, wo Susanne warme Füße hatte.
Montags war die Waschküche der wärmste Raum. Dann hatte Oma Wäsche. Viel Brennmaterial wurde gebraucht, um den großen Waschkessel aufzuheizen. Jeden Montag war er voll schmutziger Wäsche. Jeden Montag stand Oma schon vor Sonnenaufgang auf, jeden Montag stand sie stundenlang über ihr Waschbrett gebeugt und rubbelte die Wäschestücke, bis ihre Fingerknöchel bluteten. Und wenn sie damit fertig war, mußte

ein Wäschestück nach dem anderen durch zwei Gummirollen gedreht werden. So wurde das Wasser herausgepreßt. Oma trug die schweren Wäschekörbe in den Garten wie alle Nachbarinnen auch. Montags hing in den Gärten rund herum die Wäsche auf den Leinen. Oft bügelte Oma noch bis in die Nacht hinein. Dazu mußten die schweren, eisernen Bügeleisen auf der Herdplatte vorgeheizt werden. Elektrische Bügeleisen und Waschmaschinen mit Schleudergang kannten Oma und die anderen Frauen damals noch nicht. Es gab keinen Kühlschrank, keine Küchenmaschine, keine Fernheizung und keinen Staubsauger.
Oma war von früh bis spät in Trab, im Haus und im Garten. Als sie in den letzten Kriegswochen bei den Bauern in der Umgebung immer weniger zu essen eintauschen konnte, faßte Oma einen Entschluß.
Zu ihren Verwandten nach Sachsen wollte sie fahren, komme, was da wolle.
«Die haben Landwirtschaft», sagte sie. «Da gibt's noch was zu essen, und mir werden sie bestimmt was geben.»
Opa war entsetzt. «Bist du verrückt geworden? Jetzt, wo der Krieg bald aus sein muß! Die Amerikaner stehen schon in Thüringen.»
«Mir egal», sagte Oma. «Ich muß nach Sachsen. Oder wollt ihr verhungern?» Sie hatte keine Angst vor den Amerikanern, die hatten ihre Gegend längst besetzt.

«Du kommst nicht mehr durch», sagte Opa. «Die Russen rücken näher, und wenn du dort ankommst, wird dir womöglich der Rückweg abgeschnitten.»
«Ach was, ich bin eine alte Frau, eine Matka. Ich hab acht Kinder zur Welt gebracht. Mir werden die Russen schon nichts tun.»
Sie schnürte ihre guten Sonntagsstiefel, legte ihr großes schwarzes Umschlagtuch über den verschlissenen Mantel, hängte sich den Rucksack um und marschierte los.
Opa übernahm die Hausarbeit. Mutter mußte ja tagsüber in der Fabrik arbeiten. Arno und Roswitha gingen vormittags in den Bunker, wo der Schulunterricht abgehalten wurde. Susanne hatte den Opa viele Stunden ganz für sich allein. Gemeinsam hielten sie das Haus in Ordnung. Opa achtete streng auf Sauberkeit. Er legte seinen ganzen Ehrgeiz hinein, daß alles blitzsauber war, wenn die Großmutter zurückkam. Jeden Tag erwartete er sie.
Susanne konnte dem Opa viel helfen. Sie konnte Feuer machen, den Küchenboden aufwischen, die Treppen und den Flur fegen, abwaschen, und besonders gerne putzte sie das große Waschbecken im Flur. Stundenlang scheuerte sie daran herum. Sie ekelte sich, wenn der Abfluß halb verstopft von Essensresten und die Seifenschale voll grauem Glibber von der Kernseife war. Sie konnte die schmutzigen, bespritzten Fliesen nicht leiden. Sie haßte das einzige Handtuch, das tagelang dort hing, von allen benutzt und immer naß. Das hatte ihr

auch das tägliche Waschen verleidet. Sie war nur dazu bereit, wenn sie ein frisches Handtuch bekam, was selten genug geschah.
Sie hatten Hunger. Aber es war eine schöne Zeit. Oma konnte nicht schimpfen. Es gab keine Prügel.
Sogar die Mutter wurde fröhlicher und sang abends, wenn sie Wäsche wusch oder bügelte und nähte. Sie verstand sich gut mit Opa. Schließlich war sie seine einzige Tochter. Jetzt ging sie auch manchmal abends aus, was Oma nie geduldet hätte.
Opa fand immer noch ein paar Äpfel. Die briet er im Backofen, und dann saßen alle am Herdfeuer, und Opa erzählte seine Gespenstergeschichten.
Aber dann war diese schöne Zeit vorbei. Eines Tages, Susanne guckte gerade aus dem Küchenfenster, kam Oma zurück. Sehr dünn und sehr müde öffnete sie die Gartenpforte.
«Opa, Opa!» rief Susanne. «Oma ist wieder da!»
Opa stellte hastig die Tassen vom Frühstück in den Schrank, und dann humpelte er in seinen großen Filzlatschen so schnell zur Tür hinaus, wie er noch nie gelaufen war.
Susanne sauste an ihm vorbei. «Oma!» rief sie.
«Martha!» rief Opa.
«Nun laßt mich erst mal Luft schnappen», brummte Oma. Sie nahm den Rucksack von den Schultern.
Opa starrte sie an. «Was hast du denn da?»

Im selben Augenblick sah Susanne den schwarzen Wuschelkopf, der aus Omas Rucksack guckte. Es war ein kleiner Hund, der leise wimmerte.
Opa schimpfte gleich los: «Du verrücktes Frauenzimmer, wie kannst du jetzt so ein Tier anschleppen? Wir haben ja selbst kaum etwas zu essen. Oder soll ich den schlachten, damit wir was zwischen die Zähne kriegen?»
Oma drängte Opa und Susanne zur Seite und marschierte in die Küche. Dort ließ sie sich auf einen Stuhl fallen und nahm den Hund aus dem Rucksack.
«Ist der süß!» sagte Susanne. «Darf ich ihn streicheln?»
«Das Frauenzimmer ist total verrückt geworden», murmelte Opa kopfschüttelnd.
«Hör auf zu meckern, alter Griesgram.» Oma und Susanne streichelten gemeinsam das schwarze Wollknäuel. Und Oma redete weiter: «Was hätte ich denn tun sollen? Plötzlich lag er wimmernd und zitternd im Straßengraben neben mir, wo ich mich hingelegt hatte, um mich auszuruhen. Hätte ich ihn liegen und erfrieren lassen sollen? Außerdem hat er mich gerettet. Fünf ausgehungerte Kerle standen plötzlich auch da, Plünderer. Und die haben mir den Rucksack ausgeräumt.» Oma zeigte auf den Rucksack. «Nur ein Stückchen Speck und ein paar kleine getrocknete Würste, das ist alles, was sie mir gelassen haben. Für den hier und für mich, haben sie

gesagt. So, und jetzt sind wir hier, und ich will ein heißes Fußbad.»
Schweigend setzte Opa den Wasserkessel auf die Herdplatte.

Eingesperrt

Das Wollknäuel wurde Mohrle getauft. Susanne, Roswitha und Arno waren froh. Nun hatten sie ihren eigenen Hund. Eva und Lena hatten ihren Spitz, und sie hatten Mohrle.
Aber Mohrles Leben war kurz.
Der Krieg war zu Ende. Ihre Stadt, die schon seit März von den Amerikanern besetzt war, wechselte noch einmal den Besitzer. Die Amerikaner waren abgezogen, und nun rollten die Panzer der Engländer durch die Straßen. Sie rollten auch durch die Kieselbachstraße. Die Kinder standen hinterm Gartenzaun und sahen zu. Mohrle war auch dabei. Aber er blieb nicht hinterm Zaun. Er lief auf die Straße und wurde von einem der schweren Kettenfahrzeuge überrollt.
«Der Krieg ist vorbei, er ist für den Frieden gestorben», sagte Opa später. Sie begruben Mohrle unter dem alten Apfelbaum im Garten. Die Kinder weinten, und Oma weinte auch. Sie pflückte Flieder und warf ihn mit in Mohrles Grab.

Immer wieder rollten Panzerkolonnen am Haus vorbei. Die Ketten knirschten und rasselten auf dem Asphalt, und der Boden vibrierte. Die Kinder standen am Zaun und zählten Panzer und schauten ihnen nach. Von einem dieser Panzer – es war der letzte einer Kolonne – fiel etwas herunter, kurz bevor er hinter der Bergkuppe verschwand.

Die Kinder sahen es und rannten los. Susanne, obwohl die jüngste und kleinste, war mit ihren schnellen Beinen zuerst dort. Es war ein Sack. Und darin: Brot, mehrere ganze Brotlaibe. Susanne zog eins heraus, noch ehe die anderen Kinder beim Sack ankamen. Sie stritten sich um die restlichen Brotlaibe, da rannte Susanne schon wieder zurück, nach Hause, zu Oma.

Nie hat Susanne diesen Augenblick vergessen. Haustür aufreißen, durch den Flur, die Küchentür aufreißen und hinein in die Küche. Atemlos stoppte sie vor dem Tisch. Oma stand am Herd und schimpfte gleich los: «Was rennst du hier mit deinen dreckigen Füßen rein, und was soll der Krach?!» Sie drehte sich um, holte schon zum Schlag aus, da sank ihre Hand herunter. Oma starrte auf das Brot.

Susanne stammelte atemlos: «Ich hab's gefunden, ich hab's zuerst gesehen und war die allerschnellste, vom Panzer, weißt du?»

Oma berührte das Brot mit beiden Händen. Einen Augenblick stand sie ganz still, dann beugte sie sich zu Susanne, nahm ihr Gesicht in beide Hände, sah sie an und bedeckte es dann mit Küssen.

Zwei Tage hatten sie herrlich schmeckendes Roggenbrot zu essen, und Susanne war die Heldin.

Wenige Tage später kamen Soldaten ins Haus. Plötzlich standen sie da, zwei auf der Treppe, zwei im Flur, einer an der Haustür, und einer kam in die Küche. Er hielt ein Gewehr in der Hand und sagte: «Go, go, go!»

Die Soldaten redeten in der fremden Sprache auf Oma und Opa ein und machten ihnen klar, was sie wollten: Sie beschlagnahmten das Haus. Sie brauchten die vier Räume als Quartier. Alle Hausbewohner sollten in den Keller ziehen.

Oma schimpfte laut, während sie ein paar Decken, Töpfe, Geschirr und Besteck zusammensuchte. Die Kinder mußten auch helfen, Sachen in den Keller zu tragen. Die Soldaten, immer noch das Gewehr in der Hand, standen dabei und kontrollierten genau, was sie mitnahmen. Oma schob sie einfach zur Seite. Und wenn sich Gewehrläufe auf sie richteten, drückte Oma sie nach unten. Nein, Oma hatte keine Angst vor den Soldaten.

Alle Häuser auf dem Berg wurden von den Engländern beschlagnahmt. Und da manche Kellerräume zu klein für die vielen Personen waren, rückte man zusammen. Aus dem Nachbarhaus kam die Familie mit fünf Kindern in Omas und Opas Keller. Die Kinder schliefen

Kopf an Fuß wie die Ölsardinen in der Büchse in der leeren Kartoffelkiste. Die Erwachsenen saßen auf der Holztreppe, und dort schliefen sie auch. Zu essen gab es nur, was die Soldaten ab und zu durch die Kellertür warfen, mal ein Weißbrot, mal eine Tafel Schokolade. Manchmal reichten sie aufgewärmten Eintopf in Büchsen herein.

Tagelang lebten sie so. Susanne konnte kaum schlafen. Oben tobten die Soldaten herum, sie sangen und lachten. Es war eng in der Kiste, und Susanne fürchtete sich vor Spinnen. Die könnten ja nachts über ihr Gesicht kriechen. Sie haßte den Gestank aus dem Eimer, der das Klo für alle war. Sie durften nicht mal hinaus zum Plumpsklo gehen. Wie gerne wäre Susanne jetzt dorthin gegangen, sogar im Dunkeln, obwohl sie sich davor immer gefürchtet hatte. Auch dort gab es Spinnen, und immer war da die Angst gewesen, sie könnte in das große Loch fallen. Jetzt durfte immer nur ein Erwachsener nach draußen, um den Eimer auszuleeren.

Als sie endlich wieder hinausdurften, war es wie ein Wunder. Die Sonne schien, und die meist jungen Soldaten tobten mit den Kindern herum, trugen sie auf ihren Schultern, schenkten ihnen Schokolade und Kaugummi, fuhren sie in ihren Jeeps spazieren, ließen sie mit Feldtelefonen spielen, lernten von ihnen die ersten deutschen Wörter und brachten den Kindern ein bißchen Englisch bei. Jetzt war es nicht mehr so schlimm, daß sie abends wieder in den dunklen, kalten Keller mußten. Tagsüber, draußen, war es schön. Auch Mutter war oft dabei und lachte mit den Soldaten. Sie mußte nun nicht mehr in die verhaßte Fabrik. Die hatten die Engländer geschlossen. Mutter hätte auch oben schlafen dürfen, weil die Soldaten sie gern hatten, aber das duldete Oma nicht.

Im Sommer zogen die Soldaten aus. Sie hinterließen ein schreckliches Durcheinander. Jammernd, schimpfend und fluchend ging Oma von Zimmer zu Zimmer. Die Soldaten hatten alles mitgenommen, was sie brauchen konnten. Keine Uhr war mehr im Haus, die Bilder waren aus den Rahmen gerissen, Porzellan und Gläser zerschlagen. Sogar den wenigen wertlosen Schmuck hatten sie mitgenommen.

Oma stellte das völlig durchwühlte Haus noch einmal auf den Kopf. Bettzeug und Matratzen wurden in den Garten getragen, und Oma klopfte wütend darauf herum. Jeder Schrank wurde auseinandergenommen, ausgewischt, wieder zusammengebaut und eingeräumt.

Weil sie schon mal beim Räumen waren, bestimmte Oma, daß Mutter ihr Zimmer hergeben und ins Kinderzimmer ziehen sollte.

«Der Krieg ist vorbei. Die Jungs kommen zurück, sie brauchen ihren Platz», erklärte Oma.

Mutter zog mit ins Kinderzimmer. Susanne war glücklich. Noch nie war die Mutter so nah gewesen. So oft hatte Susanne nachts, wenn sie aufwachte und sich fürchtete, zur Mutter ins Bett kriechen wollen. Aber immer hatte die Mutter geschimpft und sie weggeschickt. Zwar mußte Susanne jetzt mit Roswitha in einem Bett liegen, aber Mutter war ganz nah im zweiten, und manchmal merkte sie nicht einmal, wenn Susanne nachts zu ihr unter die Decke kroch und sich an sie schmiegte.

Vieles wird anders

Oma behielt recht. Bald darauf kamen ihre Söhne wieder, einer nach dem anderen. Zuerst Albert und Karl, dann Otto.
Susanne kannte ihre Onkel kaum.
Onkel Albert kam aus Frankreich und brachte herrliche Dinge mit. Er hatte für jeden etwas, für Oma echten Bohnenkaffee, den es in den letzten Jahren kaum noch gegeben hatte, für Mutter einen wunderschönen Angorapullover in Rosa, für Opa Zigarillos und für die Kinder Schokolade und gesalzene Nüsse in Dosen. Es war ein richtiges Freudenfest.
Kurze Zeit später kam Onkel Walter. Er brachte eine junge Frau mit, die er im Lazarett kennengelernt und

geheiratet hatte. Onkel Walter war das rechte Bein bis zum Knie abgenommen worden, weil eine Granate ihn getroffen hatte. Jetzt mußte er sich mühsam an eine Prothese gewöhnen.

Susanne bestaunte das fremde Bein aus Holz und Gummi mit Neugier und Ekel, wenn der Onkel es sich umschnallte.

Viele Nachbarn beneideten Oma und Opa, weil sie so viel Glück gehabt hatten und ihre Söhne einer nach dem anderen nach Hause kamen.

Immer noch warteten viele Familien auf ihre Väter und Söhne und Brüder. Manche Frauen trugen schwarze Kleidung, weil der Mann oder der Sohn nicht mehr nach Hause kommen würde. «Gefallen fürs Vaterland». Aber darauf war niemand stolz.

Andere freuten sich, weil sie Post bekamen aus irgendeinem Gefangenenlager. Onkel Fritz war auch in Gefangenschaft geraten. Er schrieb aus einem Lager bei Wetzlar. Ihm gehe es gut, schrieb er. Nur von Onkel Erich hörten sie nichts. Es hieß, er sei in Rußland vermißt. Dort hatte er zuletzt gekämpft, und keiner wußte, wo er jetzt war.

Aber Oma sagte immer: «Er kommt auch noch zurück. Ich weiß es. Ich höre ihn manchmal in der Nacht sein Lied pfeifen. Ihr werdet sehen, eines Tages kommt er über die Bergkuppe und pfeift.»

Doch nicht nur Väter, Söhne und Brüder kamen zurück

in die Häuser auf dem Berg. Es kamen auch fremde Menschen, meistens Frauen und Kinder, Flüchtlinge aus dem Osten. Sie kamen zu Fuß, beladen mit Bündeln und begleitet von Angestellten des Wohnungsamtes. So zogen sie durch die Kieselbachstraße und wurden auf die einzelnen Häuser verteilt.

Bei Oma und Opa im Haus war kein Platz mehr. Also mußte die Waschküche notdürftig hergerichtet werden. Dort zog eine Frau mit einer großen Tochter ein.

Oma vertrug sich überhaupt nicht mit der Frau.

«Sie redet und redet und stellt Ansprüche, als wäre sie eine Gutsbesitzerin und wir ihre Dienstboten», schimpfte Oma. «Dabei merkt man doch schon an ihrer Sprache, daß sie höchstens selbst so eine Magd gewesen ist.»

Oma brachte es dann auch irgendwie fertig, daß die Frau mit ihrer Tochter wieder auszog, in ein Nebengebäude einer alten Villa.

Auch bei Frau Harbrecht zog eine Frau mit zwei Kindern ein. Doris war ein dickes, fröhliches Mädchen, ein Jahr älter als Susanne. Der Bruder Erwin war schon zwölf. Er schloß sich den größeren Kindern an und wurde ein richtiger «Flegel», wie Oma sagte. Er organisierte Beutezüge mit seiner Gruppe und holte den Bauern massenweise Hühnereier aus den Scheunen. Wenn Arno von solchen Ausflügen auch Eier mitbrachte, sagte Oma kein Wort.

Für die vielen Menschen gab es immer weniger zu essen, und zu rauchen gab es auch nichts. So bekamen die Kinder eine neue Aufgabe: Kippen sammeln. Es sprach sich schnell herum, wo die meisten zu finden waren: auf dem Schwarzmarkt. Viele Kilometer mußten sie laufen bis zum Kirchplatz. Dort fand der Schwarzmarkt statt.
Susanne konnte nicht genug staunen über das, was es dort alles gab, alles, was in den Geschäften fehlte: Wurst und Zucker, Schokolade, warme Kleidung und Brot. Eigentlich war es verboten. Aber hier kauften und verkauften die, die es sich leisten konnten, unter den Augen der Polizei.
Vor allen Dingen Zigaretten wurden gehandelt. Sie wurden sofort und hastig geraucht. Sobald die Kippen auf die Erde flogen, balgten sich die Kinder darum.
Susanne brachte die Kippen ihren Onkeln. Die Tabakreste wurden miteinander vermischt, in Zeitungspapier gerollt und zu neuen Zigaretten gedreht.
Dem Opa durfte Susanne beim Auffädeln der frischen Tabakblätter auf eine Schnur helfen. Opa pflanzte jetzt Tabak in seinem Garten an. Später durfte sie die trockenen Blätter zerkrümeln. Das tat sie besonders gerne, und wenn Opa dann sagte: «Gut gemacht, Köbes, du bist der geborene Tabakfabrikant», dann war Susanne sehr stolz.

Der fremde Papi

Es wurde ein heißer Sommer, und wie jedes Jahr war der Kieselbach der liebste Spielplatz der Kinder. Er schlängelte sich durch die Wiesen im Tal. An seinem Ufer standen Pappeln, Vogelbeerbäume und Trauerweiden. Da, wo die größte Trauerweide stand, an deren tief herabhängenden Zweigen man so herrlich schaukeln konnte, und wo das Ufer flach zum Wasser abfiel, bauten die Kinder wie jedes Jahr ihr «Schwimmbad». Die Steine wurden vom Grund heraufgeholt und so aufgeschichtet, daß sich das Wasser staute. Nun konnten die Kinder darin schwimmen.

Susanne war immer dabei. Aber schwimmen lernte sie nicht. Sie hatte viel zuviel Angst. Daran war Arno schuld. Er hatte ihr das Schwimmen beibringen wollen. Aber einmal, als er versprochen hatte, sie festzuhalten, hatte er sie losgelassen, und Susanne war untergegangen und hatte Wasser geschluckt. Seitdem weigerte sie sich, ins tiefe Wasser zu gehen. Sie planschte lieber am flachen Ufer herum, buddelte kleine Steine aus und sortierte sie nach Farben und Größe. Wenn ihr jemand Steine für den Staudammbau wegnehmen wollte, schrie sie und schlug um sich, und die anderen sagten, sie sei zu nichts zu gebrauchen.

Das war gelogen, denn oft war sie es, die den anderen etwas zu essen holte, wenn sie selbst zu faul waren, nach

Hause zu laufen. Dann schickten sie Susanne los, und die ging von Haus zu Haus, von Tür zu Tür.
«Ich soll für Hans und Grete Butterbrot holen. Sie haben Hunger», sagte sie. Oder für Klaus und Elisabeth, Marianne oder Eugen und wie sie alle hießen. Susanne sagte Butterbrot, auch wenn keine Butter auf dem Brot war, denn die gab's nicht. Manchmal drückte ihr eine Mutter nur einen Apfel, Maispfannkuchen oder Mohrrüben in die Hand. Alles sammelte Susanne in einem Netz, und sie war mindestens eine Stunde unterwegs. Manchmal ging Hans mit, manchmal Eva, auch mal beide.
Wieder einmal mußte Susanne allein gehen. Sie hatte schon einiges in ihrem Netz eingesammelt, als sie zu Frau Harbrecht kam. Frau Harbrecht war sehr aufgeregt und hatte rote Flecken im Gesicht. Sie machte die Tür nur einen Spalt breit auf. «Heute nicht, Susi. Evas und Lenas Vater ist heimgekommen. Schnell, lauf und sag den beiden Bescheid.»
Susanne drängte sich neugierig an Frau Harbrecht vorbei. In der großen Wohnküche saß ein fremder Mann, dünn und unrasiert und in abgerissener Kleidung.
Susanne stand da und starrte ihn an.
«Nun geh schon», sagte Frau Harbrecht.
«Ich – ich muß erst für die anderen Brote einsammeln, sonst krieg ich Prügel», stotterte Susanne, um Zeit zu gewinnen.

«Nein, das Brot ist jetzt nicht so wichtig!» rief Frau Harbrecht und wollte sie zur Tür drängen. «Lauf los, schnell, Eva und Lena werden sich freuen.»
Aber Susanne wich Frau Harbrecht aus, ging auf den Mann zu und starrte ihn weiter an.
Herr Harbrecht hob eine dünne Hand und strich ihr über den Kopf. «Du bist also die kleine Susanne», sagte er, «groß bist du geworden. Ich kenn dich nur aus der Zeit, als du noch in Windeln gelegen hast, weißt du das? Da draußen im Vorgarten unter der Trauerweide habt ihr beiden gelegen in euren Kinderwagen und gekräht, Eva und du.»
Dann sagte er etwas zu seiner Frau. Aber Susanne hörte nicht zu. Ihr ging immer noch im Kopf herum, was er eben gesagt hatte. Dieser fremde Mann, der der Vater von Eva und Lena sein sollte, hatte sie, Susanne, mit ihrem vollen Namen angesprochen. Das hatte noch kein Mensch getan. Für alle war sie höchstens Susi. Oder eben Igel oder Rotznase oder Heulsuse.
Sie ging noch näher an den Mann heran und flüsterte: «Und du willst wirklich der Papi von Eva und Lena sein? Nicht vielleicht *mein* Papi?»
«Nein», Herr Harbrecht lächelte. «Es tut mir leid, kleine Stupsnase. Aber sei nicht traurig. Wenn du willst, werde ich auch ein Stück dein Papi sein.»
«Lauf jetzt, Susi», drängte Frau Harbrecht.
Susanne rannte davon. Ein Stück Papi, ein Stück Papi,

hämmerte es in ihrem Kopf. Nein, ein Stück Papi wollte sie nicht. Sie wollte ihren Papi, und den ganz allein für sich.
Sie lief nicht über die Wiesen zum Bach. Sie lief durch die Gärten. Das Netz mit den Broten ließ sie irgendwo fallen, rannte über den ausgetrockneten Lehmboden bis hin zu der Stelle, wo die Trauerweide stand. Dort warf sie sich ins Gras, umklammerte mit beiden Händen den dünnen Stamm und weinte. Sie weinte so sehr, wie sie noch nie in ihrem Leben geweint hatte.
Nein, sie wollte Eva und Lena nicht die Nachricht bringen. Sie wollte nicht sehen, wie die sich freuten. Niemand sollte sich freuen dürfen, wenn sie selbst so traurig war. Und diesen Mann wollte sie auch nicht wiedersehen. Der würde Eva auf den Arm nehmen und sie streicheln. Nein, nie wieder wollte sie in das Haus zurück. Dort konnte sie nicht mehr wohnen, wenn Eva und Lena in der anderen Hälfte mit ihrem Papi wohnten und so glücklich waren.
Irgendwann hatte sie keine Tränen mehr. Susanne blieb liegen, die Augen geschlossen.
Und plötzlich waren da ganz neue, fremde Gedanken: Wie kam es eigentlich, daß dieser Papi nach Hause zurückkehrte? Wie kam es, daß alle Onkel zu Oma und Opa zurückgekehrt waren? Die Onkel hatten doch nicht mal Kinder, die sich auf sie freuten. Warum kam als einziger ihr Papi nicht zurück?

War vielleicht der Mann daran schuld, der in dem komischen schwarzen Kleid am Grab gestanden hatte und von «Jesus, dem Erlöser» oder so etwas Ähnlichem gesprochen hatte? Oder der fremde Opa? Oder war Papi selbst schuld, der in einem Kloster aufgewachsen war, wo er den ganzen Tag zu Gott beten mußte? War dieser Gott schuld? Oma und Opa glaubten nicht an ihn. Sie sagten, es gäbe keinen Gott. Das wäre alles Quatsch, nur um die Leute zu verdummen, sei der erfunden worden, der alte Mann mit weißem Bart. Glaubten sie dann vielleicht an den Teufel und an die Hölle? War der Teufel womöglich lieber als der liebe Gott? War es der Teufel, der die Onkel und Papis aus dem Krieg zurückschickte?

Ganz weit weg war Susanne in Gedanken, da riß sie ein Arm hoch. Susanne hatte niemanden kommen gehört, sie hatte nichts gesehen.

«Kannst du denn nie hören? Kannst du nie tun, was man dir sagt?» schrie die Mutter und schlug auf sie ein. Zwischen den Schlägen sah Susanne die Nachbarn, Oma und Roswitha, die um sie herumstanden und aufgeregt durcheinanderredeten.

Die Mutter schrie weiter: «Mußt du immerzu wegrennen und uns in Angst und Schrecken versetzen? Was hat Frau Harbrecht dir aufgetragen? Hm? Antworte!» Aber die Mutter wartete keine Antwort ab. Sie stieß Susanne vor sich her, schlug und schimpfte: «Was bist du nur für

ein Kind? Kannst du dich nicht mit deinen Freundinnen freuen, wenn ihr Papi zurückkommt?»
Susanne versuchte, sich mit den Händen gegen die Schläge zu schützen. «Nicht mehr hauen, Mami, bitte, nicht mehr hauen!» bettelte sie. «Nicht mehr hauen!»
Hinter sich hörte sie Roswithas Stimme. «*Ich* wär gelaufen, so schnell ich kann. Auch wenn ich über was gestolpert wäre. Dann wär ich aufgestanden und weitergelaufen, um es Eva und Lena zu erzählen, daß ihr Papi wieder da ist. Aber Susi tut ja nie, was sie soll.»
Sie waren zu Hause angekommen. Die Nachbarinnen blieben am Gartenzaun stehen und sahen zu, wie die Mutter Susanne ins Haus zerrte. Sie zerrte sie die Treppe hinauf, den Gang entlang und schubste sie ins Kinderzimmer.
«Hier bleibst du, bis du darüber nachgedacht hast», sagte die Mutter drohend. «Ich schlaf heute nacht mit Roswitha in der Küche. Mit so einem bösen Mädchen wollen wir nicht in einem Zimmer schlafen.» Dann schloß sie die Tür und drehte von außen den Schlüssel um.
Susanne schluchzte, obwohl sie keine Tränen mehr hatte, hämmerte mit den Fäusten gegen die Tür und schrie: «Mami, Mami! Komm, ich will auch wieder lieb sein! Mami! Ich will nicht allein bleiben! Ich hab Hunger, Mami! Ich hab Durst, Mami!»
Aber niemand kam. Susanne blieb allein. Die Schluch-

zer wurden leiser. Sie sah sich im Zimmer um. Da lag noch Roswithas Puppe. Susanne zerfetzte sie.
Dann sah sie aus dem Fenster, rief nach Hans, der im Nachbarhaus wohnte. Aber der meldete sich nicht. Nur der Opa stand im Hof und rief zu ihr herauf: «Geh vom Fenster weg, Köbes, sonst muß ich raufkommen!»
Susanne wußte, daß das eine Drohung war. Wenn Opa kam, zog er seinen Riemen aus den Hosenschlaufen. Das hieß wieder Prügel. Also ging sie weg vom Fenster. Und haßte. Haßte Opa, haßte Oma, haßte die Mutter und Roswitha, haßte alle Onkel. Als ihr Blick auf das Foto fiel, das über den Betten hing, haßte sie auch ihren Papi. Sie griff nach dem Bild, nahm es von der Wand, warf es auf den Boden und schlug wütend darauf ein.
Es wurde dunkel. Niemand kam. Susanne war müde und legte sich aufs Bett, und irgendwann schlief sie ein.
Am nächsten Morgen brachte Roswitha ihr ein Glas Milch und ein Brot mit Rübenkraut zum Frühstück. Milch haßte Susanne auch. «Na, bist du jetzt wieder lieb?» fragte Roswitha. Dann sah sie die zerfetzte Puppe, sah Papis Bild auf dem Boden und den zerbrochenen Rahmen, sah, daß das Bett naß war – und rannte schreiend davon.
«Oma!» rief sie. «Oma, Mami, guckt doch bloß mal, was Susi jetzt wieder gemacht hat!»
Die Tür ließ sie offen. Susanne rannte hinter der Schwe-

ster her, die Treppe hinunter und wollte zur Haustür hinaus. Aber Oma war schneller. Sie erwischte Susanne an einem Arm, zerrte sie zurück in den Flur und zur Kellertreppe.
Susanne wußte, was das bedeutete. Dort hing der Teppichklopfer. «Nicht hauen!» rief Susanne und versuchte, sich zwischen Omas Beinen zu schützen.
Doch der Teppichklopfer sauste auf Susannes Hinterteil, und danach sperrte Oma sie in den Keller ein.
Wieder schrie Susanne und trommelte mit den Fäusten gegen die Holztür. Niemand kam, um zu öffnen oder sie zu trösten. Später am Nachmittag hörte sie ein Geräusch am Fenster. Es war Arno. Er schob ihr ein paar Stückchen Brot durch das Gitter.
Es war schon dunkel, da kam Opa und öffnete die Tür. «Komm», sagte er nur, zog sie zum Wasserhahn und wusch ihr das Gesicht. Dann nahm er sie mit in die Küche.
Die anderen saßen am Abendbrottisch.
«Na, Igel, ausgetrotzt?» fragte Onkel Karl.
Sonst sagte niemand ein Wort.

Walnußdiebe

Im nächsten Jahr sollte Susanne in die Schule kommen, und wie alle Kinder, die eingeschult werden sollten, wurde sie von einem Arzt untersucht. Der stellte fest, daß sie viel zu klein und viel zu dünn war, um im Frühjahr in die Schule zu gehen.

Da beschloß die Familie, Susanne aufs Land zu schikken. Onkel Fritz war immer noch im Gefangenenlager in Hessen. Ganz in seiner Nähe wohnte seine Braut Anni. Und dorthin brachte die Mutter Susanne eines Tages.

Es war eine schreckliche Fahrt. Der Zug war überfüllt. Jedesmal, wenn er hielt, gab es ein wildes Durcheinander. Es dauerte lange, bis die wenigen, die aussteigen wollten, endlich draußen waren. Und noch länger, bis die vielen, die mitwollten, sich hineingezwängt hatten. Überall lagen und standen die vielen Kartons und Koffer herum oder auch nur Bündel, in die die Leute ihren wenigen Besitz verschnürt hatten. Alle redeten durcheinander, und Susanne verstand meistens nur Satzfetzen.

«Zu meiner Schwester, unser Haus ist ja zerbombt.»

«Alles, was übriggeblieben ist.»

«Vielleicht finde ich meine Mutter dort.»

«Die Kinder drei Jahre nicht gesehen.»

Susanne saß auf einer Pobacke eingezwängt auf der harten Bank neben der Mutter. Aber immer wenn sie auf

Mutters Schoß klettern wollte, weil sie sich dort mehr bewegen konnte, drückte die Mutter sie zurück und zischte: «Sitz endlich still! Sei froh, daß wir noch einen Platz gefunden haben.»

Der Mann, der auf der anderen Seite neben Susanne saß, lächelte freundlich und bot ihr an, sich auf seinen Schoß zu setzen. Doch wieder zog die Mutter sie zurück in die enge Lücke. «Das gehört sich nicht! Hör auf, so rumzuzappeln!» zischte sie. Und die Mutter legte ihr die Hände auf die Knie, wenn Susanne gar zu sehr mit den Beinen schlenkerte.

Länger als drei Stunden mußte Susanne aushalten. Sie war froh, als sie endlich aussteigen durfte, und es war gar nicht schlimm, daß der Weg bis zu Annis Haus weit war. Endlich laufen!

In der geöffneten Haustür stand eine dicke lachende Frau. «Nu, da ist ja das Mäuschen!» Und nahm Susanne in die Arme. «Also, ich bin Tante Gerda, ja, die Mutter von der Anni.» Dann begrüßte sie Mutter und bat sie ins Haus. «Wir werden das Mäuschen schon aufpäppeln», versprach sie.

Susanne fiel der Abschied von der Mutter schwer, aber sie mochte Tante Gerda und Anni gern. Ganze drei Monate blieb sie bei ihnen. Heimweh hatte sie nur selten. Jede Nacht durfte sie mit Tante Gerda in einem Bett schlafen. Und zum Frühstück gab es große Scheiben Roggenbrot, dick mit Quark und Rübenkraut bestri-

chen. Die Scheiben waren so groß, daß Susanne sie kaum mit beiden Händen halten konnte.
Bei Tante Gerda war alles anders als zu Hause bei Oma. Hier wurde montags gebacken. Susanne sah zu, wie Tante Gerda den Teig für das Brot knetete. Bis zu den Ellbogen steckte sie darin. Und am Abend half Susanne, Kuchenteig auszurollen. Am nächsten Morgen stand sie schon vor Sonnenaufgang mit der Tante auf. Sie hatte eine eigene kleine Kuchenform. Ihren Kuchen belegte sie mit Äpfeln und Streuseln. Dann trugen sie die vorbereiteten Kuchen und Brotlaibe zum Backhaus des Dorfes. Das war ein kleines rundes Haus aus dicken Steinen, direkt am Marktplatz. Hinter drei großen eisernen Ofenklappen glühte das Feuer, und in dem Raum darüber wurden Brote und Kuchen gebacken.
Noch nie hatte Susanne so knuspriges, leckeres Brot gegessen. Und einen eigenen Kuchen hatte sie auch noch nie gehabt, weder zum Geburtstag noch sonst irgendwann.
Anni, die Braut, nähte für sich und für Susanne neue Kleider. Und wartete auf Onkel Fritz.
Susanne kannte diesen Onkel noch nicht. Er war schon im Krieg, als sie geboren wurde. Sie war noch nicht lange bei Tante Gerda, da stand er plötzlich im Hof. Ein großer, schlanker junger Mann mit blondem Lockenkopf. Ein bißchen sah er aus wie ihr Papi. Susanne mochte ihn sofort. Gleich am ersten Abend versprach er

ihr, Nüsse von Tante Gerdas großem Walnußbaum zu stehlen.
«Aber du darfst mich nicht verraten», sagte er.
«Großes Geheimnis», versprach Susanne. «Ich verrate nichts.»
Als Tante Gerda an diesem Abend im Bett lag, saßen Onkel Fritz und Susanne bei Anni im Zimmer auf der Bettkante und brachen die Walnüsse aus ihren grünen Schalen.
«Kaut leise, Mädchen», sagte Onkel Fritz, «sonst weckt ihr Tante Gerda.»
Aber Tante Gerda schlief wie ein Murmeltier. Sie merkte nicht einmal, wie Susanne später zu ihr ins Bett schlüpfte.
Als Susanne am nächsten Morgen in die Küche kam, saßen die drei schon am Frühstückstisch.
«Stellt euch vor», sagte Tante Gerda, «heute nacht haben mir Diebe die schönsten Nüsse vom Baum geklaut. Aber ich krieg schon noch raus, wer es war. Ihre braunen Finger werden sie verraten.» Blitzschnell verschwanden sechs Hände mit braunen Fingern unterm Tisch.
Tante Gerda sammelte sorgfältig Brotkrümel von der Tischdecke. «Die Walnußschalen machen nämlich braune Finger», sagte sie, ohne jemanden anzugukken.
Zwei Tage versuchte Susanne, ihre Finger vor Tante

Gerda zu verstecken. Aber komisch, die Tante merkte nichts.
Immer öfter kam Onkel Fritz übers Wochenende zu Besuch, und eines Tages sagte er: «Es ist soweit!» Lachend schwenkte er ein Stück Papier.
Susanne sah ihn gespannt an. Sie wußte nicht, was das zu bedeuten hatte. Warum lachte Onkel Fritz, und warum fingen Anni und Tante Gerda an zu weinen?
«Nicht weinen, Mädchen», sagte Onkel Fritz und nahm sie nacheinander in die Arme. Dann hob er Susanne hoch und schwenkte sie herum. «Ich bin frei, Susi-Mäuschen. Die Engländer haben mich aus der Gefangenschaft entlassen. Pack deine Sachen, wir fahren nach Hause!»
Am Bahnhof weinten Anni und Tante Gerda immer noch, und Onkel Fritz lachte immer noch. «Ich hol dich bald nach!» sagte er zu Anni. Der Zug rollte an.
«Du wirst mir fehlen», rief Onkel Fritz Tante Gerda zu, «du und deine Walnüsse!»
Da mußte Tante Gerda lachen. Das letzte, was sie von ihr sahen, war die drohende Hand.
Die Rückfahrt wurde viel fröhlicher als die Hinfahrt. Es machte gar nichts, daß es kalt war im Zug und daß die Holzbänke hart waren. Susanne unterhielt sich mit den Leuten. Ein alter Mann zeigte ihr vergilbte Fotos, die er in einer Zigarrenkiste aufbewahrte. Susanne durfte mit einer Puppe spielen, die für ein Enkelkind bestimmt

war. Sie half einer Frau, Fäden aus einem verwirrten Wollknäuel zu ziehen. Daraus wollte die Frau ein Jäckchen stricken. Als die Leute hörten, daß Onkel Fritz aus der Gefangenschaft entlassen worden war und nach Hause fuhr, beglückwünschten ihn alle. Onkel Fritz strahlte und redete und lachte und war reineweg aus dem Häuschen.

«Jetzt wollen wir feiern», sagte er und packte aus, was Tante Gerda ihm mitgegeben hatte. Er verteilte Speck und Brot, und es wurde tatsächlich ein kleines Fest.

Alle waren zum Bahnhof gekommen, um die Heimkehrer in Empfang zu nehmen: Oma und Opa, Mutter und Roswitha, die einen kleinen Blumenstrauß in der Hand hielt. Oma heulte und umarmte Onkel Fritz. Susanne stürzte auf die Mutter zu. Aber Roswitha drängte sich dazwischen und sagte: «Bist du fett geworden!» Susanne schubste sie zur Seite, Roswitha fing an zu weinen, und schon war es fast wie früher. Mutter schimpfte auf Susanne, Oma tröstete Roswitha, und Susanne stand allein da.

Nachdem Onkel Fritz alle umarmt hatte, nahm er Susannes Hand und ließ sie auf dem ganzen Heimweg nicht los. Und er erzählte, wie brav Susanne in den drei Monaten bei Tante Gerda gewesen war und daß alle sie sehr liebhatten.

Von da an war Onkel Fritz Susannes Lieblingsonkel.

Nikolaus

Es gab noch einen Onkel, den Susanne gern hatte. Das war Onkel Hermann, Opas Bruder. Zweimal im Jahr kam er zu Besuch: zu Ostern und zu Nikolaus. Er konnte fast so schön Geschichten erzählen wie Opa. Er nahm Susanne auf den Schoß und erzählte von Tieren, die tief unter der Erde leben.

Unter der Erde kannte er sich aus. Onkel Hermann war Bergmann und fuhr mit dem Aufzug viele hundert Meter tief in die Erde. Dort unten wurde Kohle herausgehauen. Weil das eine schwere Arbeit war, bekam er zusätzliche Lebensmittelmarken. Was er dafür kaufen konnte, verbrauchte er nicht alles, und wenn er Oma und Opa besuchte, brachte er Lebensmittel mit, die in Susannes Familie nur noch selten auf den Tisch kamen.

Über Onkel Hermanns Osterbesuch konnte Susanne sich mehr freuen als über den Nikolausbesuch. Denn Susanne fürchtete sich vor diesem Abend. Schon lange vorher fing Roswitha an, sie zu ärgern.

«Du wirst schon sehen, wenn der Nikolaus kommt, was der zu dir sagt. Bestimmt kriegst du diesmal nur eine Rute.»

Susanne wußte ganz genau, daß der Nikolaus der verkleidete Onkel Hermann war. Arno hatte es ihr längst verraten. Trotzdem – gegen ihre Angst kam Susanne nicht an.

Die wuchs, je näher der Nikolausabend kam. Die ganze Familie war in der Küche versammelt, wenn es soweit war. Und die Erwachsenen machten sich einen Spaß daraus, den Kindern noch mehr Angst einzujagen. Das gelang ihnen nur bei Susanne. Wieder und wieder erzählten sie, daß der Nikolaus böse Kinder in den Sack von Knecht Ruprecht steckte. Und Knecht Ruprecht, sagten sie, werfe den Sack unterwegs einfach in den Graben, und da mußten die Kinder dann erfrieren.

Susanne hatte Angst vor Dunkelheit. Sie hatte Angst davor, eingesperrt oder eingeschnürt zu sein.

Und natürlich fiel ihr immer ein, was sie das Jahr über angestellt hatte: zwei kostbare Hühnereier hatte sie fallen lassen, heimlich ein Brot angeknabbert, Oma oft und oft widersprochen, wenn sie still sein sollte. Sie hatte sich nicht gründlich hinter den Ohren gewaschen, sie hatte aus dem Schuppen Äpfel geklaut und aus dem Garten Möhren. Ach, es gab soviel, wofür sie in den Sack gesteckt werden konnte!

Die Onkel neckten sie: «Du zitterst ja, Igel!» Oder: «Na, Rotznase, du heulst ja noch gar nicht. Warst du denn so ein braves Kind im letzten Jahr, daß du keine Angst haben mußt?»

Sobald die Schritte im Hausflur zu hören waren, versuchte Susanne, sich unter dem Plüschsofa zu verstekken. Aber das war ganz sinnlos, denn irgend jemand packte sie sofort und zog sie wieder heraus. Eingekeilt

zwischen Erwachsenen, die sie festhielten, stand sie zitternd da, wenn Onkel Hermann-Nikolaus in die Küche polterte.
Onkel Hermann konnte seine Stimme gut verstellen. Tief brummte er in seinen Wattebart: «Von drauß' vom Walde, da komm ich her.» So fing er jedesmal an.
Zuerst war immer Arno an der Reihe. Er hatte keine Angst, er tat nur so, stotterte sein Gedicht, versprach, auch immer brav zu sein, und bekam sein Geschenk. Dann Roswitha. Die machte einen Knicks und sah sehr lieb und unschuldig aus. Sie rappelte eine lange Aufzählung herunter, was sie alles getan hatte im vergangenen Jahr: Oma beim Obsteinkochen geholfen, geholfen, die Wäsche zusammenzulegen, ihre Sachen immer ordentlich weggeräumt und nie die kleine Schwester geschlagen.
Und Susanne stand daneben und wußte, das war gelogen. Denn Roswitha nutzte jede Gelegenheit, ihr eine runterzuhauen. Aber sie kam nicht in den Sack. Auch Roswitha bekam ihr Geschenk.
Dann war Susanne dran. Nie war es schlimm. Sie sagte ihr Gedicht fehlerlos auf, wurde dafür vom Nikolaus gelobt, weil es besonders lang war, und er lächelte sogar. Nie schimpfte er sie aus, nie drohte er mit Knecht Ruprecht und erwähnte keine ihrer Untaten. Er lächelte sie an und gab auch ihr ein Geschenk.
Und doch hatte sie jedesmal vorher Angst.

Es waren nur Kleinigkeiten in den bunten Kartons, die Onkel Hermann immer selbst beklebte. Aber damals, im Winter 1945, waren es Kostbarkeiten. Arno bekam ein Taschenmesser, Roswitha neue Haarschleifen und Susanne eine hölzerne Griffeldose mit sechs gespitzten Griffeln und ein buntes Schwammdöschen.
«Denn wie ich gehört habe», sagte der Nikolaus lachend, «willst du ja nun bald in die Schule gehen und fleißig lernen.»
Ja, das wollte Susanne. Sie konnte die Zeit bis zum Frühling kaum erwarten. Schreiben wollte sie lernen und rechnen. Aber vor allem lesen. Oma, die so streng war, wurde ein ganz anderer Mensch, wenn sie las. Susanne hatte sie oft beobachtet.
Manchmal, und nur sonntags nachmittags, las Oma. Dann war es still im Haus. Das Geschirr vom Mittag war gespült und weggeräumt, und auf dem Küchentisch lag eine bestickte Decke. Und dort saß Oma, ein Strickzeug in der Hand, und vor ihr auf dem Tisch lag ein dickes Buch. Nur das Ticken der Uhr war zu hören, das Klappern der Nadeln und das Rascheln, wenn Oma ab und zu eine Seite umblätterte.
Oma sah so glücklich aus, wenn sie las.
Lesen zu können, davon war Susanne überzeugt, mußte etwas Wunderschönes sein. Obwohl Arno es nicht mochte. Und Mutter wohl auch nicht. Jedenfalls gab es kaum Bücher im Haus.

Oma lieh sich ihre in der Bibliothek, immer nur eins zur Zeit. Manchmal durfte Susanne ein Buch für Oma austauschen. Susanne wußte nicht, was in den Büchern stand. Sie sagte nur zu der Frau in der Bibliothek: «Meine Oma möchte einen neuen Schloßroman.»
Eines Tages, da war Susanne ganz sicher, würde sie auch in die Leihbücherei gehen und sich Bücher ausleihen. Es mußten ja nicht nur Schloßromane sein.

ABC – die Katze sitzt im Schnee

Fünf Kinder aus der Kieselbachstraße kamen in diesem Frühjahr 1946 in die Schule. Roswitha war auch dabei. Sie war ein Jahr zurückgestellt worden und sollte nun mit Susanne in eine Klasse gehen.
Die Kinder brauchten fast eine Stunde für den Schulweg. Susanne trug eine große Schultüte, die schon alt war. Arno hatte sie an seinem ersten Schultag bekommen. Damals waren noch Kekse und Schokolade darin gewesen. Jetzt war sie vollgestopft mit Papier, und obendrauf lagen ein paar Bonbons, die Oma aus ein bißchen Zucker und Honig gemacht hatte.
Die Schule war ein altes Backsteingebäude und riesengroß. Die Kinder wurden erst einmal herumgeführt.

Am besten gefiel Susanne das Toilettengebäude. Mehr als zwanzig kleine Kabinen rechts und links an der Wand entlang, und in jeder ein weißes Becken mit Wasserspülung.

Während der ersten Schulwochen mußte Susanne oft aufs Klo.

Ihre Lehrerin hieß Fräulein Worlitzer. Sie war eine strenge alte Frau. Sie stellte die Kinder in Zweierreihen auf und führte sie in die Klasse. Dort bekam jedes Kind seinen Platz zugewiesen. Susanne hätte viel lieber neben Eva gesessen, aber Fräulein Worlitzer bestimmte, daß sie ihre Bank mit der Schwester teilen sollte. Roswitha hatte jetzt zwar eine Brille, aber deutlich sehen konnte sie immer noch nicht. Deswegen, meinte die Lehrerin, könnte Susanne ihr vielleicht manchmal helfen.

Fräulein Worlitzer verlangte, daß alle Kinder während des Unterrichts «mucksmäuschenstill» zu sein hatten. Wenn sie vorn an der großen Tafel etwas erklärte oder aufmalte, mußten alle Hände gefaltet auf dem Pult liegen. Wer nicht gehorchte, mußte sich in die Ecke stellen.

Susanne mußte oft in der Ecke stehen.

Sie konnte ihre Hände nicht still halten. Sie mußte Eva, die vor ihr saß, etwas Wichtiges erzählen. Sie wollte immer gleich alles auf ihre Schiefertafel malen, sie mußte der Schwester leise antworten, wenn diese etwas fragte. Immer gab es Gründe, warum sie dies und das tun

mußte. Nie wollte Fräulein Worlitzer die Erklärung hören. Susanne mußte in der Ecke stehen, und wenn Susanne keine Ruhe gab, weil sie es der Lehrerin so gern erklären wollte, dann mußte sie nachsitzen.
Susanne fand bald heraus, daß Nachsitzen sehr schön war, viel schöner, als mit der Schwester nach Hause zu gehen. Nachsitzen hieß, daß sie mit zwei oder drei anderen Kindern eine Stunde länger bleiben mußte. Am schönsten war es, wenn sie allein nachsaß. Dann konnte sie ihre ganze Schiefertafel mit Buchstaben vollschreiben, während Fräulein Worlitzer vorn an ihrem Pult saß und in den Heften der größeren Kinder blätterte. Manchmal las sie Susanne auch etwas vor, und das war natürlich am allerschönsten.
Susanne hätte Fräulein Worlitzer am liebsten zwanzigmal am Tag erzählt, wie gut es ihr in der Schule gefiel. Aber die Lehrerin wollte nichts hören. Sosehr Susanne sich auch anstrengte, Fräulein Worlitzers Lieblingskind wurde sie nicht. Das waren andere. Zum Beispiel Roswitha, der sie manchmal über den Kopf strich. «Armes Kind», murmelte sie dann. Damals gab es in der Schule die sogenannte «Schulspeisung». In der großen Pause wurde das Essen ausgeteilt. Die Kinder mußten sich auf dem Schulhof in einer Reihe anstellen. Dann konnten sie nicht herumtoben. Sie mußten still stehen und warten, bis sie an der Reihe waren. Aus großen, dampfenden Kübeln bekam jedes Kind eine Kelle voll süßem Brei in

den mitgebrachten Behälter zugeteilt. Meistens war es Biskuitmilchbrei. Und immer wieder wurden die Kinder ermahnt, den Amerikanern dankbar zu sein, die so gut für sie sorgten.
Viele Kinder mochten diesen Brei nicht. Oft waren der ganze Schulhof und vor allem die Toiletten mit der dikken Pampe beschmiert. Susanne ekelte sich furchtbar vor dem Brei, aber Roswitha paßte immer genau auf, daß sie ihren Becher leermachte. Einmal, als Roswitha wieder dastand und schimpfte: «Nun trink schon, oder willst du weiter so ein spindeldürres, häßliches Mädchen bleiben?», packte Susanne solche Wut, daß sie den Becher mit der Pampe über Roswithas blonden Locken ausgoß.
Roswitha blieb starr stehen und schrie wie am Spieß. Da kam Fräulein Worlitzer, schnappte Susanne, zerrte sie ins Klassenzimmer und verprügelte sie mit einem Lineal. Dann mußte Susanne ihre Sachen aus ihrer Bank nehmen und ganz nach hinten ziehen. Das war die schlimmste Strafe, weil Fräulein Worlitzer immer sagte: «Die bösen Kinder will ich nicht in meiner Nähe haben.»
Susanne, eben noch tieftraurig und entsetzt wegen der Schläge, war nun plötzlich sehr froh. Wenn sie nicht mehr neben der Schwester sitzen mußte, war ihr alles recht. Dann wollte sie sogar hinten bei den frechen Kindern sitzen.

Endlich gab es die ersten Zeugnisse. Es war ein Freudentag für Susanne. Sie brachte ein gutes Zeugnis nach Hause. Nur den Satz unten auf der Seite wollte sie ganz schnell vergessen: «Susanne muß lernen, still zu sitzen und ruhig zu sein. Sie stört oft den Unterricht.» Aber außer in Betragen waren ihre Noten viel besser als die der Schwester. Und Mutter freute sich und strich Susanne übers Haar.
Zu Weihnachten bekam Susanne ihr erstes Buch, «Trotzkopf». Sie las es, immer noch mit dem Finger unter den Zeilen entlangfahrend, an den Feiertagen in einem Rutsch durch.
Roswitha hatte auch ein Buch bekommen. Es hieß «Nesthäkchen», und Susanne mußte der Schwester das Buch vorlesen. Roswitha bestimmte, wann sie ein Kapitel daraus hören wollte. Selbst lesen mochte sie nicht, nicht einmal mit der Lupe, die Onkel Hermann ihr geschenkt hatte.
Roswitha hatte überhaupt wenig Lust, etwas zu lernen. Immer häufiger mußte Susanne ihr die Hausaufgaben machen. Dafür bekam sie manchmal eine alte Haarschleife von Roswitha.
Auch im Unterricht ließ Roswitha nach. Der Junge, der jetzt neben ihr saß, sagte ihr nicht vor, wie Susanne das getan hatte.
Fräulein Worlitzer bestellte die Mutter zur Sprechstunde in die Schule und schlug vor, daß es besser wäre,

wenn Roswitha die erste Klasse noch einmal wiederholen würde. Susanne war glücklich. Endlich einmal hatte sie die Schwester besiegt und sie wenigstens in der Schule überholt.

Bücherwurm

Die Schule veränderte Susannes Leben.
Wenn die anderen Kinder draußen spielten, saß sie über ihrem Lesebuch oder löste Rechenaufgaben, die sie gar nicht aufhatte.
Fräulein Worlitzer lobte sie selten. Aber das war nicht wichtig. Mutter war wichtig. Mutter freute sich über Susannes Fleiß und steckte ihr manchmal heimlich etwas zu essen zu. Mutter sollte sich immer über sie freuen, und deshalb fing Susanne an, ihr Briefe zu schreiben. Endlose Briefe in kleiner Schrift auf schmalen Luftschlangen. Denn Papier war knapp, und Susanne sammelte diese Luftschlangenreste beim Karneval oder anderen Festen.

«Ich hab Dich lieb, Mami», schrieb sie. *«Ich finde Dich schön, Mami. Ich will brav sein. Gibst Du mir einen Kuß, Mami? Hast Du mich auch lieb?»*

Die schmalen Streifen faltete sie kunstvoll zusammen und steckte sie der Mutter in die Schürzentasche oder unters Kopfkissen. Oder sie versteckte die Briefchen im Schrank, und Mutter mußte sie suchen. Susanne liebte dieses Spiel über alles, aber Mutter wurde oft ungeduldig und sagte: «Mußt du dir denn so viel Arbeit machen? Ich weiß doch, daß du mich liebhast.»
Nie sagte sie, was Susanne so gern hören wollte: «Und ich hab dich auch lieb.»
In der Schule ging es nun mit Fräulein Worlitzer besser. Susanne war zwar nicht ihr Lieblingskind, aber sie war nicht mehr so streng und nahm Susanne auch häufiger dran.
Eines Tages schrieb Susanne ihre erste Eins im Diktat. Sie war die einzige in der Klasse mit dieser Note. Fräulein Worlitzer bat sie, nach dem Unterricht auf sie zu warten. Zuerst war Susanne erschrocken, hatte Angst, wieder ausgeschimpft zu werden.
Aber als alle Kinder gegangen waren, sah Fräulein Worlitzer Susanne freundlich an und lobte sie wegen der guten Leistung. Dann wollte sie wissen, ob Susanne viel las.
«O ja, ich kenne unsere Lesebücher schon fast auswendig», sagte Susanne stolz, «das von Arno auch, und der geht schon in die letzte Klasse.»
«Hast du denn keine Bücher?» fragte Fräulein Worlitzer.

Susanne seufzte. «Nur zwei, Trotzkopf und Nesthäkchen, aber die kenn ich auch auswendig. Sonst haben wir keine Bücher zu Hause. Oma sagt, für solchen Firlefanz haben wir kein Geld.»
«Weißt du, Susi», sagte Fräulein Worlitzer, «ich habe dich lange beobachtet, und ich finde, du bist ein fleißiges Mädchen, wenn auch nicht immer artig genug. Aber davon will ich jetzt nicht sprechen. Ich habe mir gedacht, ich werde dir ab und zu ein Buch leihen. Wie findest du das? Statt der Fleißkärtchen, die die anderen Kinder sammeln, bekommst du für eine gute Leistung oder für gutes Betragen ein Buch geliehen.»
Susannes Herz hüpfte vor Freude. Fleißkärtchen, was sollte sie mit Fleißkärtchen? Sie bekam sowieso nie eins. Nicht mal heute. Bücher, Bücher waren viel aufregender. Sie waren etwas Besonderes. Sollten die anderen Kinder nur ihre Fleißkärtchen sammeln.
Stolz rannte sie nach Hause. Mutter war nicht da. Sie arbeitete wieder den ganzen Tag in einer Fabrik. Aber irgend jemandem mußte Susanne es erzählen.
Opa sagte nur: «So», und ging wieder zu seinen Obstbäumen.
Arno schüttelte den Kopf und sagte: «Wie kann man bloß freiwillig Bücher lesen, und dann auch noch gerne!»
Roswitha dachte nur an sich und sagte sofort:«Aber du mußt sie mir alle vorlesen, abends im Bett.»

Oma wurde richtig böse, als sie es erfuhr. «Was soll das? Willst du eine Professorin werden, oder was? Hast du nichts Gescheiteres zu tun? Den Kopf mit überflüssigem Kram vollstopfen, soweit kommt das noch!» schimpfte sie.

Von nun an mußte Susanne jeden Tag nach der Schule für zwei Stunden in den Garten, Unkraut zupfen, Beeren pflücken, Äpfel und Birnen schälen, beim Einmachen helfen und die Treppe fegen. Ähren lesen und Kartoffeln hacken mußte sie sowieso.

Viel Zeit blieb Susanne nicht zum Lesen. Immer wieder versuchte sie, mit den geliehenen Büchern zu verschwinden. Ihr Lieblingsplatz war der Pfirsichbaum ganz hinten im Garten. Aber das hatte Roswitha schnell heraus. Sie sorgte schon dafür, daß Oma bald unterm Baum stand und schimpfte.

Im Herbst, als die Felder und Gärten leergeerntet waren, gab es draußen nichts mehr zu tun. Da ließ Oma sich etwas Neues einfallen für Susanne. Sie sollte unter Omas Anleitung Stricken und Stopfen lernen. Susanne stellte sich sehr ungeschickt dabei an. Beim Stricken zog sie die Maschen immer fester, so daß sie sie zuletzt nicht mehr von der Nadel bekam. Und beim Stopfen brachte sie ihre Finger einfach nicht dazu, die Nadel so durch die Fadenreihen zu bewegen, wie Oma das für richtig hielt.

An einem trüben Herbstnachmittag, als Susanne wieder

einmal am Küchenfenster saß mit ihrem Stopfstrumpf, verlor Oma endgültig die Geduld. Wütend entriß sie Susanne den Strumpf und schimpfte: «Nun ist es genug. Glaub nicht, daß du mich zum Narren halten kannst! Ich werd es dir schon beibringen, darauf kannst du dich verlassen. Und wenn du hier die nächsten Monate sitzen mußt. Jetzt geh und hol die Bücher, aber fix!»

«Welche Bücher?» fragte Susanne ängstlich.

Oma schrie: «Stell dich nicht dümmer, als du bist. Die Bücher, die dir deine Lehrerin geliehen hat, meine ich!»

«Was willst du denn damit?»

«Das wirst du schon sehen!»

Ängstlich und eingeschüchtert holte Susanne das Tierbuch und die Märchen.

Oma stand am Herd, öffnete mit dem Feuerhaken die Luke, so daß die Glut aufloderte, und befahl: «Rein damit!»

Susanne wich zurück und preßte die Bücher an sich. Sie quetschte sich in die hinterste Ecke beim Sofa und fing an zu weinen. «Nein, nein, nicht die Bücher, Oma! Die gehören Fräulein Worlitzer. Sie wird mir nie wieder welche leihen, wenn du die jetzt verbrennst.»

Oma legte den Feuerhaken weg, kam auf Susanne zu, gab ihr eine Ohrfeige, entriß ihr die Bücher, ging zum Herd zurück und warf sie in die Glut.

Susanne hielt sich die Hände vor die Augen.

«Hör auf zu heulen», fuhr Oma sie an. «Es ist gut, wenn sie dir keine Bücher mehr leiht. In diesem Haus wirst du nicht mehr lesen. Du wirst dir diesen Quatsch ganz schnell abgewöhnen. Erst mal lernst du, was ein anständiges Mädchen zu lernen hat, um eine gute Hausfrau zu werden, hast du mich verstanden?»

Susanne schluchzte: «Aber Roswitha kann es ja auch nicht.»

Oma stocherte mit dem Feuerhaken in dem glühenden Papierberg herum. «Mit Roswitha ist das was anderes. Das arme Kind wird es noch schwer genug haben im Leben. Schämen solltest du dich, immer auf deiner Schwester rumzuhacken, statt ihr zu helfen!»

Susanne schluchzte immer noch. «Was sag ich nur Fräulein Worlitzer? Sie wird mich wieder in die Ecke stellen. Jetzt kann sie mich bestimmt überhaupt nicht mehr leiden.»

«Was du ihr sagst, ist mir ziemlich egal. Und wenn sie dich in die Ecke stellt, dann wirst du es auch verdient haben. Setz dich jetzt hin und fang von vorn an. Aber anständig diesmal, hast du mich verstanden?»

Am Abend wartete Susanne sehnsüchtig auf die Mutter, um ihr zu erzählen, was passiert war. Aber die Mutter kam nicht.

«Sie hat noch was zu erledigen und kommt später», antwortete Oma, als Susanne nach ihr fragte. «Geh du nur schlafen.»

Lange lag Susanne wach und lauschte auf Schritte. Doch es blieb still im Haus. Susanne weinte sich in den Schlaf. Am nächsten Morgen hatte sie Fieber und Halsschmerzen.
Das war an sich nichts Besonderes. Susanne war oft krank, und meistens war es ein entzündeter Hals.
An diesem Tag schickte Oma sie trotz des Fiebers in die Schule. «Alles nur Anstellerei», sagte sie. «Du kannst deinem Fräulein ruhig sagen, daß ich ihre Bücher verbrannt habe. Und du kannst ihr bestellen, sie soll dir nicht noch mal welche geben. Mit denen mache ich genau dasselbe. Sie soll dir Rechnen und Schreiben beibringen, mehr nicht. Mehr brauchst du nämlich nicht, wenn du später in die Fabrik gehst, bis dich einer heiratet. Wenn du überhaupt jemanden findest, der dich nimmt. Du mit deinem Gehabe, als wärst du was Besseres. Das bist du nicht, mein Fräulein, merk dir das. Dein Opa war Arbeiter, deine Onkel sind Arbeiter, deine Mutter geht in die Fabrik, und das wirst du auch tun. Und jetzt ab mit dir.»
Auf dem Schulweg mußte Susanne an den fremden Opa in Essen denken. Ob er noch lebte? Was arbeitete er eigentlich? Ihr Papi, das wußte sie, hatte noch keinen Beruf gehabt, als er in den Krieg mußte. Er war zu jung gewesen. Es hieß, er hätte Priester werden sollen, war aber aus dem Kloster weggelaufen. Doch was war mit dem fremden Opa? Vielleicht war er reich? Und hatte

ganz viele Bücher? Sollte sie ihm einfach mal schreiben? Onkel Hermann schrieb sie auch Briefe. Es war so schön, Antwort zu kriegen. Es war jedesmal aufregend, wenn der Briefträger einen Brief brachte, auf dem Susannes Name stand.

Ja, sie würde Mutter nach der Adresse fragen und dem fremden Opa einfach mal schreiben. Als Susanne in die Klasse kam, schickte Fräulein Worlitzer sie gleich wieder nach Hause. Susanne war froh, daß sie heute noch nicht sagen mußte, was mit den Büchern passiert war.

Aber nach Hause ging sie nicht.

Sie ging zu der Fabrik, in der Mutter arbeitete. Die Fabrik war nicht weit von der Schule entfernt. Susanne wußte jedoch nicht, wie sie hineingelangen sollte. Und wie würde sie die Mutter finden? Aber sehen wollte sie sie unbedingt.

Eine Weile ging Susanne vor dem Pförtnerhäuschen und dem großen Tor auf und ab. Aber sosehr sie auch überlegte, ihr fiel nicht ein, was sie jetzt machen sollte. Nach einer Weile kam der Mann aus dem Häuschen und fragte sie: «Na, kleine Maus, wen suchst du denn?»

«Meine Mami», krächzte Susanne.

«So, so», sagte der Mann und fragte nach dem Namen. Dann lächelte er, nahm Susanne bei der Hand und führte sie ins Pförtnerhäuschen. «Warte hier, setz dich an den Ofen, da ist es warm. Ich hol mal deine Mami.»

Der Mann blieb nicht lange weg. Er kam mit der Mutter

zurück. Sie war sehr aufgeregt und schimpfte: «Was machst du denn hier? Warum bist du nicht in der Schule?»
Susanne fragte krächzend zurück: «Wo warst du gestern abend? Und heute morgen warst du auch schon weg.»
Mutter gab keine Antwort. Sie hockte sich vor Susanne hin, legte ihr die Hand auf die Stirn, schaute in ihren Hals und sagte: «Warte, ich sag nur Bescheid und hol meinen Mantel. Dann gehen wir zu Doktor Hauschild. Wie konnte Oma dich nur so zur Schule schicken?»
Auf dem Weg zum Doktor erzählte Susanne mit ihrer Krächzstimme die ganze Geschichte, und Mutter schimpfte sehr auf Oma.
Doktor Hauschild war ein alter Doktor. Seine Praxis war finster, weil alle Räume mit dunklem Holz getäfelt waren. Susanne hatte den Doktor gern, obwohl er ihr den Hals immer mit so gräßlich bitterem Zeug auspinselte. Jedesmal wenn sie vor ihm saß, erzählte Doktor Hauschild die Geschichte, wie er sie in einer Nebelnacht auf die Welt geholt hatte. Jedesmal ließ er sich den kleinen roten Fleck an ihrem linken Unterarm zeigen. Dann lachte er und sagte: «Siehst du, das ist mein Stempel, mein Daumenabdruck. Da hab ich dich angefaßt und dein vorwitziges Ärmchen herausgezogen, das noch vor dem Kopf auf der Welt sein wollte.»
Susanne war stolz auf diesen Fleck. So hatte sie auch etwas Besonderes. Roswitha hatte die drei Leberflecken

auf dem Rücken von Papi geerbt, sie hatte nun den Stempel von Doktor Hauschild. Ein Stempel, fand Susanne, war doch etwas viel Besonderes als Leberflecken.
Zu Hause wurde Susanne ins Bett gesteckt, und Mutter stritt ganz fürchterlich mit Oma.
Drei Tage später ging Susanne wieder in die Schule. Aber während des ganzen Unterrichts traute sie sich nicht, die Lehrerin anzusehen. Nach der letzten Stunde, als alle Kinder ihre Schulsachen in die Tornister packten, sagte Fräulein Worlitzer: «Susanne, bleib doch noch einen Augenblick, ja?»
Susanne sah erschrocken zu ihr auf und begann sofort zu weinen. Eva, die schon neben ihr stand, um mit ihr nach Hause zu gehen, fragte erstaunt: «Warum heulst du denn? Hast du schon wieder was angestellt? Ich hab gar nichts gemerkt.»
Fräulein Worlitzer schob Eva und die anderen Kinder sanft aus dem Klassenzimmer, schloß die Tür, kam zur Bank, kniete sich vor Susanne hin und fragte: «Was ist los, Kind? Bedrückt dich etwas? Du bist so anders als sonst. Warum weinst du denn?»
Susanne konnte nicht antworten. Laut schluchzte sie auf, und die Tränen liefen ihr übers Gesicht.
«Komm, sag es mir», drängte die Lehrerin sanft, «es wird doch nicht so schlimm sein.»
Susanne zog die Nase hoch und stotterte: «Oma – die

Bücher – ich – Oma hat – sie ist gemein – ich soll nicht lesen – ich soll in die Fabrik – und stopfen kann ich auch nicht – die Bücher ...»

Fräulein Worlitzer reichte Susanne ihr Taschentuch. «Schneuz dich erst mal aus und wisch dir die Tränen ab. Du brauchst doch keine Angst vor mir zu haben. Also, was ist mit den Büchern? Meinst du die, die ich dir geliehen habe? Was ist damit passiert? Und was ist mit deiner Oma?»

Nun endlich konnte Susanne erzählen, daß Oma die Bücher verbrannt hatte.

Fräulein Worlitzer war aufgestanden und eine Weile im Klassenzimmer auf und ab gegangen. Dann blieb sie vor Susanne stehen, legte ihr eine Hand unters Kinn und hob das verheulte Gesicht. «Weißt du, Susi», sagte sie, «ich finde es auch schlimm, was deine Oma da getan hat. Und ich bin traurig, weil ich meine Bücher sehr gern habe und die beiden mir jetzt fehlen werden. Aber weine nicht mehr. Dir bin ich ja nicht böse, du kannst nichts dafür. Und weißt du, manche Menschen können einfach nicht anders. Sie begreifen oft selbst nicht, daß sie schlimme Dinge tun. Sie haben ihre Grundsätze, und daran halten sie sich, egal, was passiert. Es ist zu schwer, dir das jetzt genau zu erklären. Aber vielleicht lassen wir das mit den Büchern erst einmal eine Weile, damit sich deine Oma nicht gleich wieder ärgert, ja? Und jetzt geh nach Hause und denk nicht mehr dran!»

Aber Susanne ging nicht nach Hause. Nicht an diesem Tag und auch nicht in den folgenden Wochen. Nach der Schule ging sie zu dem alten Mann im Pförtnerhäuschen der Fabrik. Dort saß sie am Ofen und machte ihre Hausaufgaben, malte Bilder, schrieb ihre kleinen Briefe und wartete, bis Mutter Feierabend hatte. Dann gingen sie gemeinsam nach Hause.

Lumpi

Arno wünschte sich schon seit langem einen Hund. Immer wieder lief er zu den Bauern der Umgebung, um nach jungen Hunden zu fragen. Und jetzt hatte er einen gefunden, einen kleinen Spitzmischling, behauptete er.
«Ganz klein, und er wird auch nicht viel größer.»
Oma hatte den Kopf geschüttelt und gesagt: «Selber nichts zu fressen haben, aber einen Hund haben wollen – so weit kommt das noch!»
Aber Opa lachte sie aus und machte sich eine Woche vor Weihnachten zusammen mit Arno auf den Weg zum Bauern, um den «Spitz» abzuholen.
Abends kamen sie mit einem wuschligen Knäuel zurück. Diesmal lachte Oma. «Das ist doch kein Spitz, nie im Leben ist das ein Spitz. Schaut euch doch seine Pfoten

an! Das wird ein Riesentier, mindestens ein Schäferhund wird das. Na, nun ist er mal da, dann soll er auch bleiben. Aber was der frißt, das kriegt ihr weniger!»

An diesem Abend saß die ganze Familie zusammen und suchte nach einem Namen für den Hund, während er auf seinen dicken Tatzen zwischen ihren Füßen herumstolperte. Er wurde Lumpi getauft.

Am nächsten Tag blieb Opa im Bett. Er fühle sich nicht gut, sagte er. Auch am Tag darauf stand er nicht auf. Da wurde Doktor Hauschild geholt. Am dritten Tag kam Onkel Otto angereist, der älteste Sohn. Einen Tag vor Weihnachten brachten er und Mutter Opa ins Krankenhaus.

Als sie zurückkamen, war Opa tot.

«Man hat ihn die Treppen zum dritten Stock rauflaufen lassen. Als er oben ankam, hat er sich aufs Bett gelegt, noch mal tief Luft geholt, und dann war er tot», erzählte die Mutter weinend.

Susanne weinte auch. Opa, ihr einziger Freund, war tot. Sollte er nun auch in so einem tiefen, dunklen Loch liegen wie Papi und zu Staub werden? Susanne wollte es nicht glauben – auch dann noch nicht, als sie ihn aufgebahrt in der Leichenhalle sah. Ganz nah beugte sie sich zu ihm, streichelte sein blasses Gesicht und flüsterte ihm ins Ohr: «Wach auf, Opa! Ich will auch immer artig sein. Du brauchst mich nie mehr zu verhauen. Ich verspreche es dir. Wach doch wieder auf, Opa!»

Aber Opa wachte nicht auf, und Onkel Hermann mußte Susanne mit Gewalt wegziehen vom Totenbett.
Es wurde ein trauriges Weihnachtsfest. Nicht einmal die Kerzen am Tannenbaum wurden angesteckt. Und Oma, die so viel mit Opa gestritten hatte, weinte immerzu.
Viele, viele Leute kamen zur Beerdigung. Alle Nachbarn aus der Kieselbachstraße waren da.
Und alle Onkel mit ihren Familien. Susanne lernte ihre neuen Cousins und Cousinen kennen. Zwei der Onkel hatten Witwen mit mehreren Kindern geheiratet, zwei andere hatten inzwischen eigene Kinder. Mit ihnen tobte Susanne durchs Haus und vergaß für einige Stunden ihre Traurigkeit.
Am Abend reisten die Tanten mit den Kindern wieder ab. Die Onkel blieben. Am nächsten Tag wurde das ganze Haus umgeräumt.
Oma wollte kein Schlafzimmer mehr haben. Der Raum sollte als Wohnzimmer genutzt werden. Sie selbst wollte auf dem Sofa in der Küche schlafen. Möbel wurden hin- und hergerückt, nach oben und nach unten getragen, einiges im Hof zu Brennholz zerhackt, und am Abend saßen alle im neuen Wohnzimmer.
Onkel Otto hielt eine kurze Rede und ermahnte Arno, Roswitha und Susanne, der Oma jetzt noch mehr zur Hand zu gehen und brav zu sein. Dann tranken sie alle echten Bohnenkaffee, den Onkel Fritz besorgt hatte. Da fing Oma wieder an zu weinen, weil

ihr einfiel, wie gern Opa auch ein Täßchen davon getrunken hätte.

Oma ging oft zum Friedhof. Und Susanne begleitete sie manchmal. Lumpi, der jeden Tag größer wurde und bald wie ein Schäferhund aussah, lief immer mit.

Opa hatte einen schönen Platz bekommen, direkt unter drei kleinen Tannen.

«Wie er es sich immer gewünscht hat», sagte Oma weinend.

Zu Hause zankte sie mit Fritz und Arno herum, trieb sie zur Arbeit an, schleppte selbst von den Bauern Eßwaren heran und wurde noch strenger und unnachgiebiger. Nur an Opas Grab, wenn sie in ihr Taschentuch weinte und leise vor sich hin sprach, wurde ihr Gesicht ganz weich. Und ihr Rücken wurde langsam krumm.

Kartoffelkäfer

Als Susanne in die dritte Klasse kam, stand in ihrem Zeugnis immer noch der Satz, daß sie ruhiger werden müsse und den Unterricht oft störe. Aber ihre Zensuren waren besser als der Durchschnitt. Sie saß auch längst wieder vorn neben Eva. In der Ecke stehen mußte sie auch nicht mehr. Es gab neue Strafen. Wer vorlaut und

unaufmerksam war, mußte als Hausaufgabe eine Seite aus dem Lesebuch abschreiben oder sich selbst eine Geschichte ausdenken.
Susanne dachte sich viele Geschichten aus: von Kindern, die bei lieben Eltern wohnten und reich waren; von Engeln, die auf die Erde kamen und arme Kinder mit Möhren und rohem Kohlrabi beschenkten; von Zwergen, die unterm Tisch hockten und Teller leer machten, wenn man selbst nicht mehr essen wollte.
Schlimm war nur, daß Susannes Geschichten immer so lang gerieten. Dann regte Oma sich auf und sagte: «Wenn du in der Schule nicht parierst, dann soll deine Lehrerin dich anders bestrafen. Für zusätzliches Papier und Bleistifte haben wir kein Geld.»
Also kriegte Susanne kein Geld dafür. «Basta!» Sie mußte jedesmal zum Schuldirektor, um sich dort Papier zu holen und einen Bleistift zu leihen, den sie auch wieder abliefern mußte. Die anderen Kinder lachten sie deswegen oft aus. Erst als Susanne dem alten Pförtner davon erzählte, war diese Qual zu Ende. «Ich besorg dir was aus dem Büro», versprach er. «Ich hab da nämlich eine Freundin.»
Auch Mutter hatte jetzt einen Freund. Er holte sie oft von der Fabrik ab. Dann mußte Susanne allein nach Hause gehen, und Mutter kam erst spät in der Nacht. Es gab jedesmal Streit mit Oma. Susanne wurde von den lauten Stimmen geweckt. Wenn sie dann zur Mutter ins

Bett kriechen und sie trösten wollte, stieß die Mutter sie zurück und schickte sie weg.
Susanne mochte diesen fremden Mann, den sie Onkel Ernst nennen sollte, überhaupt nicht.
Im Frühsommer kam die Währungsreform. Die Lebensmittelkarten wurden abgeschafft, und es gab neues Geld, für das man auch etwas kaufen konnte – zwar immer noch nicht alles, aber nach und nach bekamen auch Roswitha und Susanne neue Kleider und Schuhe.
Damals wurden die Kinder noch während des Schulunterrichts auf die Felder der Bauern geschickt, um Kartoffelkäfer zu sammeln. Zu Tausenden saßen sie an den Pflanzen und fraßen die Blätter ab. Jedes Kind hatte ein Glas mit einem Deckel, und dorthinein wurden die schwarz-gelb gestreiften runden Käfer gesammelt. Am Feldrand stand eine Tonne, in die die Gläser entleert wurden, wenn sie voll waren.
Auf der Kieselbachstraße war es zu einem Sport geworden, die Käfer zu zertreten, die über die Straße liefen.
Susanne ekelte sich vor diesen häßlichen Tieren. Mochte sie auch nicht zertreten, weil es so laut knackte und dann einen häßlichen Fleck auf dem Asphalt gab.
Manche Jungen machten sich einen Spaß daraus, den Mädchen Käfer in den Halsausschnitt zu stecken. Davor ekelte Susanne sich noch mehr. Manchmal gelang es ihr nicht, schnell genug wegzurennen. Einmal wurde sie von den Jungen auf dem Feld geschnappt. Die packten

sie und warfen sie in die Tonne, die noch leer war. Aber dann schütteten die Jungen ihre vollen Gläser über Susanne aus. Die Käfer krochen auf ihr herum, sogar in den Mund, und Susanne schrie und schrie.
Es dauerte eine Weile, ehe ein Lehrer aufmerksam wurde und sie befreite.
Drei Tage lag Susanne mit Fieber und Schüttelfrost im Bett. Und immerzu mußte sie sich vor Ekel übergeben.
Danach wollte Susanne nicht mehr mit Hans verlobt sein. Sie hatte genau gesehen, daß er bei dem Streich dabeigewesen war.
Irgendwann mußte sie sich aber wieder mit ihm vertragen, denn sie brauchte seine Hilfe.
Auf einer der Wiesen, da, wo die Kieselbachstraße ins Tal führte, war eine neue Siedlung aus Wellblechhütten entstanden. Viele Flüchtlingsfamilien wohnten dort auf engstem Raum zusammen. Und zwischen den Kindern auf dem Berg und denen aus der Siedlung war mit der Zeit ein Bandenkrieg ausgebrochen, der mit Eifer von beiden Seiten geführt wurde. Kein Wellblechhüttenkind konnte allein an den Häusern auf dem Berg vorbeigehen, ohne angegriffen oder verprügelt zu werden. Andersherum war es genauso.
Susanne, die von Oma oft für kleine Besorgungen ins Tal zum Kaufmann geschickt wurde, mußte an der Siedlung vorbei, wenn sie keinen großen Umweg machen wollte.

Für Umwege blieb meistens keine Zeit, weil Oma etwas dringend brauchte. Susanne hatte schon mehrmals Prügel bezogen, oder ihr war das Netz mit den eingekauften Sachen entrissen worden. Da halfen auch ihre schnellen Beine wenig.

Wenn Hans dabei war, fühlte sie sich sicherer. Meistens trauten sich die anderen Kinder dann nicht an Susanne heran, weil Hans zwei lange Gummischläuche bei sich trug, mit denen er drohend wedelte. Und wenn er damit zuschlug, das tat weh.

Ab und zu gab es richtige Straßenschlachten zwischen den beiden Gruppen. Besonders wenn die Eßkastanien reif waren. In all den Jahren vorher hatten die Kastanien der Umgebung den Kindern vom Berg gehört. Da war die Allee, gesäumt von Kastanien, die zu einem abgelegenen Bauernhof führte. Immer hatten die Kinder vom Berg zuerst geerntet, bevor der Bauer mit den Hunden kam und sie verjagte. Jetzt hatten die Wellblechhüttenkinder die Allee zu ihrem Revier erklärt, und sie verteidigten es mit Steinen und Knüppeln.

Einmal ging es so hoch her, daß die Erwachsenen eingreifen mußten. Onkel Fritz und Arno waren auch dabei. Arno arbeitete inzwischen in der Fabrik und Onkel Fritz auf dem Bau. Er hatte Anni kommen lassen und wohnte mit ihr in einem der großen Mietshäuser auf dem Berg.

Manchmal gingen Mutter und ihr Freund mit den beiden

aus. Dann sah sie wunderschön aus, fand Susanne. Sie mochte es besonders gern, wenn Mutter ein gehäkeltes Tuch um ihre langen, kastanienbraunen Haare schlang.

Oma mochte Onkel Ernst auch nicht. Und als er im Herbst plötzlich nicht mehr kam, sagte sie nur: «Na, endlich!»

Mutter weinte viele Tage und Nächte. Wieder durfte Susanne sie nicht trösten. Trotzdem war sie froh, weil sie Mutter jetzt wieder von der Fabrik abholen konnte.

Aber das dauerte nicht lange. Roswitha beschwerte sich oft. Mitgehen wollte sie nicht, aber allein sein wollte sie auch nicht. Und eines Tages hatte sie eine neue Idee, wie sie Susanne plagen konnte. Sie hatte neue Freundinnen in der Schule gefunden, die nicht in den Häusern auf dem Berg wohnten. Wenn sie sie besuchen wollte, und das wollte sie oft, mußte Susanne sie begleiten und auf sie warten. Mitspielen ließen die Mädchen sie nicht. So saß sie an vielen Nachmittagen auf irgendeiner Mauer oder in einer fremden Küche und las, bis es Zeit wurde, die Schwester wieder nach Hause zu führen.

Susanne wußte längst, daß Roswitha ihre Sehschwäche ausnutzte. Denn wenn sie etwas sehen wollte, dann konnte sie es auch. Wenn sie sich unbeobachtet fühlte, tat sie Sachen, von denen sie sonst behauptete, daß sie das nicht könne. Dann stieg sie auf eine Leiter, um von einem Regal im Schuppen Äpfel zu klauen. Oder sie

band sich eine Schleife ins Haar, was sonst immer Oma oder Mutter machen mußten.
Als Roswitha dann noch umgeschult wurde, bekam Susanne eine neue Aufgabe. In Essen gab es eine Schule für Kinder, die eine Sehschwäche hatten, aber nicht blind waren. Dorthin fuhr Roswitha nun jeden Tag, und Susanne mußte die Schwester zum Bahnhof bringen, bevor sie selbst in die Schule gehen konnte.
Und nachmittags mußte Susanne wieder auf Roswitha warten. Von da an machte Susanne ihre Hausaufgaben nicht mehr im Pförtnerhäuschen der Fabrik, sondern in der Bahnhofshalle.

Pfundmeister

Wieder wurden alle Kinder untersucht, und wieder hieß es, Susanne sei zu klein und zu schmächtig. Darum wurde entschieden, daß sie im Winter für sechs Wochen in ein Kinderheim an die Nordsee verschickt werden sollte. Die Nordseeluft, hieß es, sei gut gegen ihre häufigen Halsentzündungen. Inzwischen verschrieb ihr Doktor Hauschild Lebertran und Eisentinktur. Beides mochte Susanne überhaupt nicht. An ihrer Stelle trank Roswitha die Flaschen aus und bekam auffallend rote Bäckchen.
Viele Wochen saßen Mutter und Oma abends in der Kü-

che und nähten und strickten. Sie hatten eine Liste bekommen, auf der stand, was die Kinder alles für die Reise brauchten. Aus Opas alten Unterhemden wurden kleine Leibchen für Susanne genäht, aus Opas schwarzem Wintermantel ein Mäntelchen und eine Hose. Arnos alte Trainingsanzüge wurden aufgetrennt und für Susanne passend gemacht. Alte Pullover wurden aufgeribbelt, und aus der Wolle strickte Oma lange Wollstrümpfe, Handschuhe und Pullover. In jedes Teil mußten die Anfangsbuchstaben des Namens gestickt werden. Das war Susannes Aufgabe – eine mühevolle Arbeit. Und zu Weihnachten bekam sie, was ihr noch fehlte, Schuhe, Nachthemden, Handtücher und eine Zahnbürste. In der Familie putzte sich niemand die Zähne. Nur bei Tante Gerda hatte Susanne einmal eine Zahnbürste gehabt, aber die war längst verschwunden.

Im Januar ging es dann los. Auf dem Düsseldorfer Hauptbahnhof waren viele, viele Kinder versammelt. Schwestern vom Roten Kreuz stellten die Kinder in Reihen auf. Viele Kinder weinten und schrien und hielten sich an ihren Müttern fest.

Auch Susanne schrie. Die Mutter beugte sich zu ihr, drückte ihr Lumpenliesel in den Arm und sagte freundlich: «Nun geh und sei den anderen Kindern ein Beispiel. Wie kannst du nur heulen, wenn du so eine schöne Reise machen darfst? Ich würde gerne zur Erholung sechs Wochen ans Meer fahren.»

Plötzlich weinte und schrie auch Roswitha, umklammerte Susanne und schluchzte. «Du sollst hierbleiben. Ich will nicht, daß sie dich wegnehmen.»
Aber die Schwestern hatten es eilig. Sie drängten und schoben die Kinder in die Abteile. Der Zug mußte abfahren. Mutter, Roswitha und Oma winkten mit Taschentüchern. Susanne winkte auch, bis der Zug um eine Ecke bog.
Jetzt weinte sie nicht mehr. Der Zug war voller Kinder, von vorn bis hinten, in allen Waggons wimmelte es von Kindern, und sie durften überall spielen. Die Schwestern verteilten Butterbrote und Tee und spielten und sangen mit ihnen, so daß die Zeit schnell verging.
In Norden, einer kleinen Stadt in Ostfriesland, mußten sie aussteigen. Nun sollte es aufs Schiff gehen. Riesengroß lag es im Hafen. Es blies ein kalter, scharfer Wind, und das Schiff schaukelte hin und her. Wieder gab es Geschrei. Viele Kinder wollten unter gar keinen Umständen die steile, schmale Treppe hinaufsteigen, die so gefährlich schwankte. Aber es half nichts, die Schwestern schubsten und zerrten.
Auf der Insel Norderney wurden sie in der Dämmerung von Pferdekutschen abgeholt. Hier war es noch stürmischer und kälter. Susanne fror jämmerlich.
Vom Kinderheim sahen sie zunächst nur die große Halle, in der die Heimleiterin und die «Tanten» zur Begrüßung standen.

Jedem Kind wurde ein Haken mit Nummer zugewiesen, an dem es den Mantel aufhängen mußte. Darunter stand eine Kiste, in der Schuhe und Stiefel abgestellt wurden. Es war streng verboten, die anderen Räume mit Straßenschuhen zu betreten.

In Hausschuhen ging es weiter in einen großen Speisesaal. Dort wurden ihnen Plätze zugewiesen.

«Auf dem Stuhl, auf dem ihr jetzt sitzt, werdet ihr die ganzen sechs Wochen sitzen», sagte die Heimleiterin. «Platzwechsel, weil ihr Freundschaften geschlossen habt, gibt es nicht. Wir möchten, daß ihr euch alle gleich gut miteinander vertragt.»

Im Schlafsaal wurde es ebenso gemacht. Wenn eine der Tanten später bemerkte, daß zwei Kinder nah beieinander liegen wollten, wurden sie sofort getrennt. Die Jungen waren sowieso schon in einem anderen Saal untergebracht.

Susanne, die ganz hinten stand, als die Betten verteilt wurden, bekam eins gleich vorn gegenüber der Tür. Erst war sie ganz froh darüber. Aber in der Nacht merkte sie, daß es doch kein so guter Platz war. Ständig schien Licht durch die Scheibe in der Tür, und das störte Susanne. Außerdem schlichen immer wieder Kinder und Tanten an ihrem Bett vorbei.

In der ersten Nacht weinten sich viele Kinder in den Schlaf. Am nächsten Morgen gab es gleich Krach. Die Kinder, die ins Bett gemacht hatten, mußten ihre Dek-

ken und Laken in den Heizungsraum zum Trocknen bringen. Einige Kinder weigerten sich. Sie wurden hart bestraft.
Susanne bekam ihre Strafe später. Vor dem Frühstück wurde Lebertran verteilt. Susanne preßte die Lippen zusammen und drehte den Kopf weg. Sie schrie und schlug der Tante den Löffel aus der Hand. Da bestimmte die Heimleiterin, daß Susanne nun täglich zwei Löffel einzunehmen habe. Widerspruch duldete sie nicht. Es half auch nichts, als Susanne sich übergeben mußte.
«Du wirst dich schon dran gewöhnen», sagte die Heimleiterin.
Und so ging es weiter. Zum Frühstück gab es Milchsuppe. Zwei Teller davon sollte jedes Kind leer essen. Susanne mochte keine Milchsuppe. Schon gar nicht, wenn Sago darin schwamm.
«Froscheier», sagte Susanne und schob den Teller weg.
Sofort stand eine Tante neben ihr. «Das sind keine Froscheier. Das ist Sago.»
«Weiß ich doch», sagte Susanne. «Eß ich trotzdem nicht. Sago ist so glibbrig.»
Es nützte ihr nichts. Die Tante nahm den Löffel und versuchte, Susanne zu füttern. Sie schüttelte sich, sobald der Löffel in die Nähe ihres Mundes kam. Zwei anderen Kindern am Tisch ging es genauso. Wieder war die

Heimleiterin zur Stelle und trug zwei jungen Tanten auf, mit den Kindern und Tellern auf die Toilette zu gehen. Dort wurden die Kinder so lange gefüttert, bis sie die Suppe bei sich behielten.
An diesem ersten Morgen waren die Tanten noch gnädig und ließen es mit einem Teller voll genug sein. Strafe gab es trotzdem: Susanne und die anderen Kinder, die die Suppe nicht hatten essen wollen, durften nicht am ersten gemeinsamen Spaziergang teilnehmen. Sie standen in der kalten Halle und mußten die Schuhe für mehr als siebzig Kinder putzen.
Während dieser sechs Wochen hat Susanne viele Paar Schuhe geputzt.
Es gab aber auch noch andere Strafen: Wer in der Nacht ins Bett machte oder sonstwie störte, mußte am nächsten Morgen kalt duschen.
Mittags wurde geschlafen. Das war Susanne nicht gewohnt. Vor lauter Langeweile zupfte sie immer mehr Fäden aus den Handtüchern, die über dem Kopfteil des Bettes hingen. Nach sechs Wochen sahen alle Handtücher mit ihrem Namenszeichen wie Putzlappen aus.
Den Spaziergang am Nachmittag fand Susanne eher komisch. Sie durften nicht einfach frei herumlaufen, obwohl es keine Autos auf der Insel gab, nur die Pferdekutschen. Alle Kinder mußten sich mit einer Hand an einem langen Seil festhalten.

«Damit ihr uns nicht davonfliegt wie die Möwen», sagte eine der Tanten lachend.
Am Strand war es sehr stürmisch. Die Wellen waren so hoch wie die höchsten Häuser, die Susanne je gesehen hatte.
Sie wäre gern unten am Wasser über den Sand gelaufen, aber das war streng verboten zu dieser Jahreszeit.
Jeden dritten Nachmittag ging es ins Hallenbad. Das fand Susanne am aufregendsten. Es war ein besonderes Hallenbad. Dort gingen die Wellen so hoch wie draußen am Strand. Sie konnte nicht genug davon bekommen, mit den anderen Kindern im Wasser herumzutoben. Was danach kam, gefiel ihr dafür überhaupt nicht. Alle Kinder wurden, die Arme fest an den Körper gedrückt, naß in ein warmes Tuch gewickelt. So mußten sie eine halbe Stunde auf einer Holzpritsche liegen bleiben, ohne sich bewegen zu können.
Nein, es gefiel Susanne überhaupt nicht.
Und das wollte sie der Mutter auch schreiben. Einmal in der Woche war Posttag. Susanne schrieb lange, ausführliche Briefe, in denen sie genau erzählte, wie jeder einzelne Tag abgelaufen war.
Aber diese Briefe wurden nie abgeschickt. Immer wenn sie mit einem Brief fertig war, bekam sie von einer der Tanten eine Ansichtskarte hingeschoben, und darauf mußte sie dann schreiben, was ihr diktiert wurde:

«Liebe Mami! Ich schicke Dir viele liebe Grüße. Mir gefällt es hier immer noch gut. Es ist lustig, und wir kriegen viel zu essen. Ich habe schon wieder zugenommen. Es grüßt Dich Deine Tochter Susanne.»

Das war genau das Gegenteil von dem, was Susanne wirklich dachte und fühlte.
An diesem einen Tag in der Woche wurde auch die ankommende Post verteilt. Mutter schrieb wenig. Nur, daß sie sich freue, daß es Susanne so gut gefiele in dem fröhlichen Kinderheim.
Manche Kinder bekamen jede Woche ein Päckchen mit Naschereien. Aber die wurden immer gleich eingesammelt und an Sonntagen, oder wenn ein Kind Geburtstag hatte, verteilt.
Susanne bekam kein Päckchen. Mutter wußte, daß sie sich nichts aus Süßigkeiten machte. Susanne aß viel lieber saure Gurken. Aber die konnte man schlecht verschicken.
Nur vom Theaterspielen war Susanne begeistert. Zweimal in der Woche wurde geprobt, und sie hatte eine große Rolle bekommen. Sie mußte einen Jungen in Lederhosen spielen, der sich dauernd kratzte, weil er Läuse hatte.
Als Susanne nach sechs Wochen zurückfuhr, hatte sie ein Foto von der Aufführung in ihrem Umhängetäschchen. Sie war sehr stolz darauf, denn auf die Rückseite hatte die

Heimleiterin geschrieben: *«Für unseren quirligen Bühnenstar und Pfundmeister der Gruppe Januar/Februar 1949 zur Erinnerung.»*
Pfundmeister hieß, daß sie von allen Kindern am meisten zugenommen hatte, genau zwölf Pfund.
Roswitha sagte gleich am Bahnhof: «Bist du fett geworden!» Aber dann nahm sie Susanne in die Arme. Sie schien sich zu freuen, daß Susanne wieder da war.
Und Susanne war auch froh.

Sommertheater

In den folgenden Wochen mußte Susanne viel lernen, um das Versäumte in der Schule nachzuholen. Ihre Freundin Eva half, so gut sie konnte, und ihre Schwester Lena auch, die schon in die sechste Klasse ging.
Am schönsten war es für Susanne, wenn Fräulein Worlitzer sagte: «Bleib heute zur Nachsitzstunde hier, Susi.»
Während die anderen Kinder schreiben oder rechnen mußten, durfte Susanne vorn am Pult der Lehrerin sitzen, und Fräulein Worlitzer erklärte ihr, was im Erdkundeunterricht oder in den Musikstunden während ihrer Abwesenheit durchgenommen worden war.
Im Zeugnis waren ihre Zensuren dann fast ebenso wie im Halbjahr davor, und Susanne wurde in die vierte Klasse versetzt. Am meisten freute Susanne sich, daß

diesmal der Satz fehlte, sie sei vorlaut und störe den Unterricht.
Endlich hatte sie Zeit für ihr neues Hobby: Theaterspielen. Sie wollte unbedingt ein Theaterstück aufführen wie im Kinderheim. Dazu brauchte sie die anderen Kinder. Eva und Roswitha waren sofort begeistert, weil sie zwei Prinzessinnen spielen sollten, die geraubt wurden. Die anderen Kinder aus den Häusern auf dem Berg mußte Susanne erst lange überreden. Aber dann arbeiteten sie alle gemeinsam über Wochen hinweg. Arno und Klaus hatten sich bereit erklärt, in ihrer Freizeit die Bühne zu bauen. Dazu suchten sie einen kleinen Hügel mitten in der Wildnis hinter den Häusern aus. Der mußte erst einmal begradigt werden. Die Grasnarbe wurde abgetragen, die Erde hin- und hergeschaufelt, bis sie eben war, und dann wurde die Grasnarbe wieder eingesetzt.
Die kleine Birke, die genau in der Mitte stand, sollte die Dorfeiche darstellen. Dazu wurden ihr die unteren Äste abgeschnitten, und sie bekam eine kleine Bank rund um den Stamm. Die baute ihnen Herr Harbrecht.
Susanne übte mit den anderen Kindern den Text ein. Und weil plötzlich jedes Kind eine Rolle haben wollte, suchte sie noch ein zweites Märchen aus. Wochenlang hockten alle um den Hügel und lernten ihre Texte auswendig. Susanne machte den Kindern vor, wie sie sprechen mußten, wie sie gehen sollten, was sie mit ihren Händen anfangen könnten.

In der letzten Woche vor der Aufführung gab es in allen Wohnungen Ärger. Jedes Kind mußte sich um sein eigenes Kostüm kümmern. Da wurden die Brautschleier der Mütter für die Prinzessinnen gebraucht, Kleider für die Marktfrauen, die Sonntagshosen der Väter für den Bürgermeister und den Pfarrer. Da mußte eine grüne Gardine abgenommen werden, weil der Förster einen Umhang brauchte. Hüte und Mützen mußten her und Mutters Täschchen und die Pfeifen der Väter. Und all das mußte den Eltern erst einmal abgeschwatzt werden.
Susanne holte den großen Spiegel aus dem Haus und alle Kissen, die zu finden waren. Oma wollte protestieren, aber diesmal hatte Susanne Roswitha auf ihrer Seite, und so gab Oma schließlich nach. Frau Harbrecht rückte ihren schönen Einkaufskorb heraus und tat sogar noch zehn richtige Eier hinein, weil die für das Spiel wichtig waren. Herr Harbrecht hatte Steckenpferde für die Prinzen geschnitzt, und Hansis Vater stellte eine Schubkarre voll Heu zur Verfügung.
An einem sonnigen Nachmittag, mitten in den großen Ferien, fand die Aufführung statt. Fast alle Bewohner aus den Häusern auf dem Berg kamen, obwohl jeder fünf Pfennig Eintritt zahlen mußte. Alle saßen erwartungsvoll im Gras rund um den Hügel.
Susanne spielte eine dicke Marktfrau. Weil sie ihre zwölf Pfund aus dem Kinderheim schon wieder abgenommen hatte, hatte sie sich einen dicken Schal unter das bunte

Kleid von Mutter gewickelt. Während sie auf der Bühne herumlief und Lügengeschichten erzählte, wie es zu ihrer Rolle gehörte, löste sich der Schal. Er schleppte hinter ihr her, und Susanne trat darauf und fiel der Länge nach hin. Die Eier kullerten aus dem Korb, und drei zerbrachen. Für einen kurzen Augenblick war Susanne so erschrocken, daß sie ihren Text vergaß und nicht weiterspielte. Sie fürchtete, ausgeschimpft zu werden. Aber als sie hörte, wie die Zuschauer lachten, stand sie auf, redete weiter, erfand einfach einen neuen Text, und die Zuschauer jubelten und klatschten.

Auch als Roswitha und Eva erschienen, klatschten sie. Keiner hatte die beiden vorher in ihren Kostümen gesehen. Nur Frau Harbrecht, die Eva Locken in die glatten braunen Haare gebrannt hatte, wußte Bescheid. Sie hatte die beiden Prinzessinnen angezogen und sie dann, mit einer Decke verhüllt, zur Bühne geführt. Zu ihren Kleidern aus Tüllgardinen hatten sie breite Schärpen und passende kleine Schleifchen im Haar. Sie sahen wunderschön aus. Noch Tage danach stolzierte Roswitha in ihrem Kostüm herum und fühlte sich wie eine Prinzessin.

Hansi mußte ein Reh darstellen. Sie hatten ihm eine braune Decke umgehängt. Immer wieder schaute er darunter hervor und stöhnte: «Es ist soooo heiß, es ist sooo heiß im Wald!» Dabei stand er auf einer Wiese und sollte stumm wie ein Reh sein.

Als das Spiel zu Ende war, saßen alle Leute noch lange zusammen im Gras und redeten. Die Kinder wurden sehr gelobt, und später gab es Kuchen und Waldmeisterlimonade.
Noch nie war Susanne so glücklich gewesen.

Onkel Erich

Sommer und Herbst vergingen, und im November kam der erste Schnee. Es war ein Sonntag. Die Kinder waren aufgeregt wie jedes Jahr, wenn der erste Schnee gefallen war. Auch Oma war aufgeregt an diesem Morgen. Immer wieder fragten Arno und Mutter sie: «Was ist denn los?»
Oma verschüttete Kaffee, streute Zucker neben die Tasse und ließ schließlich den Brotkorb fallen.
«Ach nichts», antwortete sie jedesmal.
Wie jeden Tag kochte Oma das Mittagessen. Plötzlich ließ sie den Schöpflöffel in die Linsensuppe fallen, wischte sich die Hände an der großen blauen Schürze ab, rannte in den Flur und ohne Jacke oder Mantel hinaus in den Garten.
«Er kommt! Erich kommt! Ich höre sein Pfeifen!» rief sie.
Alle rannten hinter ihr her und starrten auf die Straße.

Nach einer Weile wollte Mutter Oma den Arm um die Schultern legen. «Komm ins Haus zurück. Es ist kalt. Und kein Mensch ist zu sehen.»
Oma wehrte den schützenden Arm ab und blieb noch eine Weile im Schnee stehen. Dann drehte sie sich um und ging langsam ins Haus zurück. Dabei sagte sie immer wieder, mehr zu sich als zu den anderen: «Er kommt, ich fühle es. Er kommt, ich weiß es.»
Es hörte nicht auf zu schneien. Die Kinder machten ihre erste Schneeballschlacht. Da sagte Bruno plötzlich: «Guckt mal, da oben kommt einer.»
Durch das Schneegestöber sahen sie eine dunkle Gestalt auf der Bergkuppe. Und sie hörten ein leises Pfeifen.
Susanne rannte ins Haus und schrie: «Oma, Oma, er kommt! Er ist schon auf dem Berg und pfeift!»
Oma lächelte, legte den Löffel ruhig zur Seite, wischte sich die Hände ab, strich sich über die Haare und sagte: «Ich hab's doch gewußt, warum ich heute Linsensuppe kochen muß. Das war schon immer sein Lieblingsgericht.»
Längst waren Mutter, Arno und Susanne draußen am Tor bei den neugierigen Kindern, als Oma endlich aus dem Haus kam. Sie hatte ihr großes schwarzes Schultertuch umgehängt. Jetzt drängte sie alle zur Seite und rief gegen den Schnee an: «Erich! Erich!»
Als Antwort kam ein lautes Pfeifen.
Dann stand er endlich in der Küche. Ein großer, müder

Mann, über und über mit Stoffetzen behängt, aus denen Oma ihn langsam auswickelte. Onkel Erich konnte es nicht allein. Auch um seine Hände waren Stoffetzen gewickelt, die voller Schmutz- und Blutflecken waren. Seine roten Haare hingen wirr um sein Gesicht, und durch seinen Bart leuchtete seine Haut seltsam blau gefärbt.

Am Mittagstisch, vor sich die dampfende Suppe, begann dieser Mann plötzlich zu weinen und nahm Omas Hände. «Ich kann deine Suppe nicht essen, Mutter», sagte er leise und schob den Teller von sich.

Jetzt fing er an zu erzählen. Er war mit zwei Kameraden aus russischer Gefangenschaft geflohen. Einer wurde gleich auf der Flucht erschossen, der andere ist vor Hunger gestorben. Länger als ein Jahr war Onkel Erich unterwegs gewesen. Er hatte sich von gefrorenen Beeren und Baumrinde ernährt. Und auf dem langen Weg durch das kalte Sibirien waren ihm die Fingerkuppen und Zehenspitzen abgefroren.

Alle am Tisch weinten in ihre Suppe. Nur Arno saß mit aufgerissenen Augen und roten Ohren da und bat: «Erzähl weiter, was hast du noch erlebt?»

«Halt den Mund!» sagte Oma und stand auf. «Der Junge braucht jetzt erst mal Ruhe.» Sie stützte ihren Sohn, stieg mit ihm langsam die Treppen hoch und brachte ihn in Mutters Zimmer zu Bett. Dort blieb der Onkel mehr als zwei Wochen liegen.

Doktor Hauschild kam und entschied, daß man die Wunden an Händen und Füßen vorsichtig mit Seifenwasser auswaschen müsse. Immer wieder. Nach ein paar Tagen konnte das auch Susanne.

Sie brachte dem Onkel Haferbrei, kümmerte sich um das Feuer im kleinen Ofen und schüttelte ihm die Kissen auf.

Am Abend, wenn sie alle um sein Bett herum saßen, erzählte er schreckliche Dinge aus dem Krieg. Er war in Stalingrad gewesen, einer Stadt, in der wochenlang gekämpft wurde, zuletzt Mann gegen Mann. Onkel Erich mußte viele Männer erschießen, weil er selbst überleben wollte. Als er von den Russen gefangengenommen wurde, mußte er mit vielen anderen Kameraden wochenlang durch tiefen Schnee laufen. Und weil die Stiefel sich dabei langsam auflösten, gingen viele barfuß. Es gab kaum etwas zu essen, viele starben unterwegs.

Selbst als er längst wieder auf den Beinen war, schrie der Onkel oft im Schlaf. Häufig hatte er schreckliche Kopfschmerzen.

«Euer Vater, Susi», sagte er oft, «ist für einen sinnlosen, wahnsinnigen Krieg gestorben, den ein Verrückter angezettelt hat. Aber sei froh, daß er so früh gestorben ist und nicht all das mitmachen mußte, was ich gesehen und erlebt habe. Wir sind durch die Hölle marschiert, glaub mir. Und wenn es diesen Gott gibt, den man uns immer einreden wollte, dann muß sein Himmel jetzt voll von

jungen Männern sein, die da draußen auf den Schlachtfeldern elendig gestorben sind.»
Susanne fragte den Onkel: «Glaubst du, daß mein Papi auch in diesem Himmel ist? Er hat nur einen Lungenschuß bekommen und ist in einem Lazarett im warmen Bett gestorben.»
Onkel Erich wollte lachen. Aber es sah sehr schief aus, das Lachen. «Wenn es diesen Himmel gibt, Susi», antwortete er, «wenn, dann ist dein Vater bestimmt auch dort. Wenn ich nur dran glauben könnte!»
Susanne fragte den Religionslehrer in der Schule, wie das denn mit dem Himmel wäre und ob da wirklich alle toten Soldaten glücklich wären.
Herr Schulz, dem im Krieg ein Arm abgeschossen worden war, sah Susanne durch seine Brillengläser ernst an und antwortete: «Wenn ich nicht ganz fest daran glauben würde, dann könnte ich nicht weiterleben. Und du mußt auch daran glauben. Daran glauben, daß dein Vater jetzt da oben im Himmel ist und dich beobachtet. Daß er immer bei dir ist und stolz auf dich sein möchte. Du kannst also sehr viel dazu tun, daß er wirklich glücklich ist.»
Susanne fragte zurück: «Und kann er auch etwas tun, daß ich glücklich bin?»
Herr Schulz nickte. «Natürlich wird er für dich beim lieben Gott darum bitten, weil er dich ja lieb hat. Und Gott hat dich auch lieb.»

Susanne fragte weiter, warum Oma dann so streng mit ihr wäre und warum sie in die Fabrik gehen solle.
Herr Schulz lächelte. «Wir kennen Gottes Ratschlüsse nicht. Vielleicht hat er sich für dich etwas anderes, etwas Besseres ausgedacht? Vielleicht soll es eine Prüfung für dich sein? So, wie vielleicht auch für uns alle dieser Krieg eine Prüfung war. Wir werden vieles auf dieser Welt, vieles jetzt noch nicht verstehen. Aber wenn man sich einläßt auf den Glauben und auf das Vertrauen zu Gott, dann wird alles gut.»
Susanne nahm sich ganz fest vor, an den fremden Gott zu glauben. Jeden Abend betete sie nun. Und jeden Abend redete sie mit ihrem Papi im Himmel und bat ihn, bei ihr zu bleiben und ihr zu helfen.

Putzkind

Im Januar nach den Weihnachtsferien teilte Fräulein Worlitzer ihre Schüler in zwei Gruppen auf. In die Bänke auf der linken Seite kamen die Kinder, die nach Ostern aufs Gymnasium überwechseln sollten. Rechts saßen die, die in der Volksschule blieben.
Fräulein Worlitzer wies Susanne einen Platz auf der linken Seite zu und sagte: «Wenn du dich anstrengst, kannst du es schaffen. Und ich würde mich sehr darüber

freuen. Ich setze dich auf jeden Fall schon mal auf die Liste der Anmeldungen. Aber du mußt mit deiner Mutter darüber sprechen, ob sie damit einverstanden ist.»
Susanne war sehr stolz. Und glücklich. Jetzt saß sie neben Manfred. Manfred war noch nicht lange in ihrer Klasse, aber er zählte bald zu den besten Schülern. Er war kein bißchen eingebildet wie die anderen Kinder, die sich als etwas Besonderes aufspielten, weil ihre Väter Apotheker oder Ärzte oder Fabrikbesitzer waren. Manfred war sehr nett zu ihr und sagte nicht «Flickensuse». Er begleitete sie oft auf dem Schulweg oder zum Bahnhof, wenn sie auf Roswitha warten mußte.
Susanne konnte es an diesem Tag kaum abwarten, bis die Mutter Feierabend hatte. Sie wollte ihre aufregende Neuigkeit erzählen. Aber die Mutter seufzte nur. «Susi, du weißt doch, wie Oma darüber denkt. Sie wird es nie erlauben. Streng dich ruhig weiter an, vielleicht kannst du später auf die Handelsschule gehen, das ist dann genausoviel.»
Susanne überlegte wochenlang, wie sie Oma davon überzeugen könnte, daß es wichtig für sie war, aufs Gymnasium zu gehen. Aber noch bevor sie eine Lösung gefunden hatte, gab es Krach.
Eva hatte ihrer Mutter erzählt, daß Susanne nun nicht mehr neben ihr saß, weil sie zu den «Nasis» gehörte. So wurden die Kinder genannt, die aufs Gymnasium gehen sollten. Und Frau Harbrecht hatte es Oma erzählt.

Beim Abendbrot schimpfte Oma auf Mutter los: «Wie kannst du dem Gör nur solche Flausen in den Kopf setzen? Ist sie nicht schon verrückt genug? Soll sie nun ganz auf ihre Schwester runtergucken? Nur, weil das arme Kind nicht so gut lernen kann? Oder was ist das für ein Plan? Soll Roswitha etwa später den Putzlumpen spielen für das feine Fräulein? Das kommt überhaupt nicht in Frage. Nicht, solange ich lebe und ihr unter meinem Dach wohnt!»
So schimpfte sie drei Tage hintereinander. Dann nahm sie wieder einmal alle Bücher, die auf Susannes Nachttisch lagen, und verbrannte sie im Herd. Zwei Schulbücher, die auch dabeigewesen waren, kaufte sie am nächsten Tag neu und legte sie stillschweigend an ihren Platz.
Susanne wollte und wollte sich nicht abfinden. Immer wieder redete sie auf die Mutter ein. Aber es half nichts. Susanne mußte der Lehrerin Bescheid sagen und wieder auf die rechte Seite in der Klasse zurück.
Manfred versuchte, sie zu trösten. Ganz fest versprach er, ihr alle seine Bücher zu leihen, wenn er erst einmal auf dem Gymnasium wäre. Und alles wollte er ihr erklären, was sie nicht verstand.
Aber das war nur ein kleiner Trost für Susanne.
Nach Ostern fing Manfred mit den anderen «Nasis» auf dem Gymnasium an, und Susanne blieb mit Eva in der Volksschule. Manfred bekam bald Nachhilfeunterricht

in Englisch. Einmal durfte Susanne ihn begleiten und auch an der Stunde teilnehmen.
Der Lehrer war ein alter, zierlicher Mann, ein Baron aus Riga, der mit seiner Schwester, die kaum jünger, aber groß und kräftig war, in einer Wohnung voller Bücher lebte.
Susanne war begeistert, von dem Lehrer, vom Unterricht, den Büchern und von der fröhlichen Schwester, die ihnen selbstgebackene Kekse brachte.
Nun wollte Susanne auch Englischunterricht haben. Ein paar Brocken wußte sie noch von den Soldaten, jetzt wollte sie die Sprache richtig lernen. Ständig lag sie der Mutter in den Ohren. Zunächst antwortete Mutter nur: «Glaubst du, ich kann mir das Geld aus den Rippen schneiden?» Aber sie versprach, darüber nachzudenken, als Susanne ihr sagte, es würde nur die Hälfte kosten, wenn sie mit Manfred zusammen zum Unterricht ginge.
Länger als einen Monat dauerte es, dann hatte die Mutter die Lösung gefunden. «Du kennst doch die Siedlung hinter dem Bahnhof», sagte sie, «da, wo die vielen kleinen Häuser gebaut werden. Also, dort werden Putzfrauen gesucht, die abends den Dreck der Handwerker wegmachen. Wenn du mir drei Abende in der Woche hilfst, dann kannst du deinen Unterricht haben.»
Wieder gab es großen Ärger, als Oma davon erfuhr. Aber diesmal setzte Mutter sich durch. «Das Kind will lernen, also soll es lernen.»

So wurde Susanne Putzkind. Dreimal in der Woche räumte sie mit der Mutter Zement- und Mörtelreste aus den halbfertigen Häusern hinterm Bahnhof, schrubbte die festverkrusteten Reste vom Boden, schleppte Wassereimer um Wassereimer und putzte Fenster und Bäder.
Es war eine schwere Arbeit für Susanne. Aber zur Belohnung durfte sie zweimal in der Woche mit Manfred in die Englischstunde gehen.
Roswitha bekam zum Ausgleich eine wunderschöne Puppe mit Schlafaugen. Viele Kinder bekamen jetzt ihr erstes richtiges Spielzeug und natürlich auch Puppen. Roswithas «Schneewittchen» war bei weitem die schönste.
Ein ganzes Jahr arbeiteten Susanne und die Mutter. Sie sangen und lachten dabei, und einmal leisteten sie sich einen besonderen Spaß. Es war in einem der größeren Häuser. Mutter sagte: «Für die ganz Stinkreichen. Möchte wissen, woher die das Geld haben.»
In dem Haus gab es eine Wand, die nur aus Fenster bestand. Eine geschwungene Treppe mit einem Eisengitter, das mit Rosen verziert war, führte von einem riesigen Flur hinauf in den ersten Stock. Dort war neben vier großen Zimmern das Bad. Nie zuvor hatte Susanne so ein Bad gesehen. Es war fast so groß wie die anderen Zimmer. Die Kacheln waren himmelblau, an einer Wand hing ein riesiger beleuchteter Spiegel, und darunter wa-

ren gleich zwei Waschbecken. Und an einer anderen Wand stand eine riesige Badewanne, zu der ein gekacheltes Treppchen hinaufführte.

Zwei Abende schrubbten und polierten Susanne und die Mutter an diesem Bad herum, bis es glänzte. Als sie fertig waren, sagte die Mutter plötzlich: «So, und als erste sind wir dran. Komm, zieh dich aus!»

Noch bevor Susanne begriff, was die Mutter meinte, drehte die Mutter an den blanken Hähnen, und dampfendes Wasser rauschte in die Wanne.

«Komm», sagte Mutter lachend, während sie sich auszog, «das haben wir uns doch verdient, oder?»

Susanne guckte ungläubig. «Wir? In die Badewanne?»

Die Mutter stieg in die Wanne und gab wohlige Laute von sich, während sie ins Wasser tauchte.

Nur zögernd, immer noch staunend, folgte ihr Susanne.

Lange blieben sie in der Wanne, prusteten, planschten und sangen. Mutter hatte sogar ein Stück Seife.

«Wo hast du das denn her?» fragte Susanne.

«Geliehen!» Die Mutter lachte. «Aus dem Waschraum in der Fabrik. Ich nehm sie wieder mit und leg sie wieder hin, so, als wäre sie nie weggewesen.»

Nur an Handtücher hatte Mutter nicht gedacht. Und so putzten sie anschließend nackt das Badezimmer, und dabei wurden sie trocken.

Auf dem Heimweg sagte die Mutter: «Kein Wort davon

zu Oma oder Roswitha. Zu überhaupt keinem Menschen, hast du das verstanden? Du weißt, was sonst wieder los ist.»

Susanne hatte verstanden. Und sie war stolz darauf, mit der Mutter ein so schönes Geheimnis zu haben.

Bald darauf kündigte Mutter in der Fabrik und nahm eine Stelle als Hausmädchen bei einer englischen Offiziersfamilie an.

Do you speak English?

Familie Campbell wohnte mit fünf Kindern in einer beschlagnahmten Villa, die einer reichen deutschen Familie weggenommen worden war.

Mutter fuhr jeden Tag länger als eine Stunde mit dem Fahrrad dorthin und wieder zurück.

Nach der Schule oder in den Ferien lief Susanne zu Fuß durch die Felder, um mit den englischen Kindern zu spielen. Die ganze Familie sprach kaum ein Wort Deutsch. Susanne war stolz, daß sie sich ein bißchen mit ihnen unterhalten konnte, und besonders stolz war sie natürlich, wenn sie zwischen Frau Campbell und Mutter dolmetschen mußte.

Mit den Kindern tobte Susanne in dem großen Garten herum, kletterte auf die Obstbäume, wickelte das Baby und gab ihm die Flasche. Am liebsten wäre sie für immer dort geblieben. Herr und Frau Campbell waren sehr nett zu ihr und verwöhnten sie. Sie bekam die abgelegten Kleider von Jenny, der größeren Tochter, und sie hatte nie mehr Hunger.

In den großen Ferien ging Susanne mit den anderen Kindern vom Berg zu den Bauern aufs Feld, um Geld zu verdienen. Sie sangen und lachten bei der Arbeit. Susanne konnte inzwischen einige englische Kinderlieder; die brachte sie den anderen bei. Dann sangen sie gemeinsam, bis sie vor Lachen nicht mehr arbeiten konnten.

Am liebsten sangen sie das Abzähllied, das Jenny im Deutschunterricht gelernt hatte:

Do you speak English?
Nein, ich bin ein Fisch.
The fish lies on the table,
sein Name ist Clark Gable.
Do you speak German?
Nein, mein Name ist Hermann.
He sits on the table,
ißt Fisch mit einer Gabel.

Manchmal blieben die Kinder über Nacht beim Bauern. Dann schliefen sie im Heu in der Scheune. Bei Oma und Roswitha in der Kieselbachstraße war Susanne nur noch selten.

Von ihrem ersten selbstverdienten Geld wollte sie der Mutter eine Kette mit Blättern aus Perlmutt kaufen. Mutter hatte sie bei einem gemeinsamen Schaufensterbummel entdeckt und tief geseufzt, weil sie ihr so gut gefiel.
«Warum kaufst du sie dir nicht?» hatte Susanne gefragt.
Da hatte die Mutter wieder geseufzt und gesagt: «Ach, für so was reicht unser Geld nie.»
Auch Susannes Geld reichte nicht. Als die Arbeit beim Bauern beendet war und sie mit ihrem Geld in den Laden ging, um die Kette zu kaufen, erfuhr sie, daß ihr zweifünfzig fehlten. Susanne hatte nur vierzig Mark verdient. Traurig sah sie den Besitzer an und erzählte ihm, daß sie dafür vier Wochen auf dem Feld gearbeitet hatte und daß es alles war, was sie besaß.
Da packte er die Kette in ein Kästchen, das innen mit blauem Samt ausgeschlagen war, und gab sie ihr.
Oma schimpfte wieder.
Aber Mutter weinte vor Freude.
Im Herbst, zu ihrem zwölften Geburtstag, bekam Susanne ein funkelnagelneues rotes Fahrrad. Nun fuhr sie fast jeden Tag nach der Schule gleich zu den Campbells, und am Wochenende blieb sie oft über Nacht.
Roswitha hatte sich längst daran gewöhnt, allein zum Bahnhof und wieder nach Hause zu gehen. Sie war ein schönes, großes, schlankes Mädchen geworden. Und weil sie jetzt auch nicht mehr so schlimm schielte, wa-

ren die Jungen schon hinter ihr her. Sie hatte auch schon richtige Brüste und kam sich sehr erwachsen vor.
Susanne war immer noch zu klein für ihr Alter und vorne platt wie eine Flunder.
Oma war nun meistens allein mit Roswitha. Die Onkel waren nach und nach ausgezogen und hatten eigene Familien gegründet. Oma kümmerte sich jetzt mehr um Roswitha und war nicht mehr so nachsichtig mit ihr. Endlich mußte Roswitha auch Hausarbeit lernen, mußte sich im Kochen und Putzen üben.
Oma hatte nun wieder Hühner und Gänse. Und natürlich «Lumpi», der wirklich ein Schäferhundmischling war. Meist lag er vor dem kleinen Tor und ließ keinen Fremden in den Vorgarten.
In den Häusern auf dem Berg waren viele kleine Kinder nachgewachsen. Susanne kannte sie kaum noch.

Der fremde Opa

In Susannes Klasse machten sich die Jungen und Mädchen inzwischen Gedanken darüber, was sie nach der Schulentlassung tun sollten. Für viele stand von vornherein fest, daß sie als Arbeiter in eine der Fabriken gehen würden. Einige wollten ein Handwerk lernen. Für

die meisten Mädchen war der Traum eine Lehrstelle im Büro.
Büro, das hieß Aufstieg, hieß saubere, schöne Kleider, Nylons und Stöckelschuhe.
Aber Lehrstellen waren knapp. Darum mußte man sich frühzeitig darum bemühen. Man mußte möglichst einen Fürsprecher haben; auf gute Zeugnisse kam es an, und das hieß, in der Schule aufmerksam und freundlich zu sein.
Susanne hatte inzwischen einen neuen Klassenlehrer, mit dem sie sich überhaupt nicht verstand. Ihre Zeugnisnoten rutschten deutlich ab.
Angst und Hilflosigkeit krochen in ihr hoch.
Was sollte sie tun, wenn sie aus der Schule entlassen wurde? Noch knapp zwei Jahre. Aber solange sie bei Oma wohnte, stand fest: Sie mußte Fabrikarbeiterin werden. Für Roswitha kam das nicht in Frage. Es war längst geklärt, daß sie im Haus bleiben durfte, ohne sich Arbeit suchen zu müssen.
Susanne hatte nur noch diesen einen Gedanken, der sie nicht mehr losließ: Wer könnte ihr helfen? Wer könnte Oma überzeugen? Die Onkel? Nein, sie hatten fast alle selber Kinder, und außerdem hatten sie viel zu großen Respekt vor Oma, um ihr etwas auszureden, was sie sich einmal in den Kopf gesetzt hatte.
Als Familie Campbell zurück nach England ging, hätten sie Susanne gern mitgenommen. Aber das wollte sie

nicht, sie wollte bei Mutter bleiben. Und Mutter hätte sie auch nicht gehen lassen. Sie arbeitete nun wieder in einer Fabrik.

Eines Tages hatte Susanne eine Idee: Opa! Der fremde Opa in Essen! Der mußte ihr helfen. Wenn er noch lebte.

Als sie mit der Mutter darüber sprechen wollte, wurde diese zornig. So böse hatte Susanne sie noch nie erlebt.

«Zu dem gehst du nicht!» sagte Mutter. «Keiner von uns. Er hat uns genug angetan. Also, schlag dir das aus dem Kopf!»

Susanne wollte nun endlich wissen, warum die Familie so wütend auf den fremden Opa war, und diesmal erfuhr sie die Geschichte:

Ihr Papi war noch minderjährig gewesen, als er aus dem Kloster abgehauen war. Dann hatte er Mutter kennengelernt und wollte sie heiraten, als Roswitha unterwegs war. Aber Opa hatte sich seine zukünftige Schwiegertochter nicht einmal angesehen. Er war gegen die Heirat, und da er sie nicht verhindern konnte, ist er auch nicht zur Hochzeit gekommen. Kein Wort, kein Gruß – nichts. Erst zu Papis Beerdigung ist er angereist. Er bestand darauf, daß sein Sohn ein katholisches Begräbnis bekam. Er wollte nicht einmal Mutter und die Kinder dabeihaben. Doch der Pfarrer hatte dafür gesorgt, daß es soweit nicht kam.

Seitdem hatten sie nie mehr von diesem Opa gehört.

«Nein», schrie Mutter außer sich, «selbst wenn ich seine Adresse wüßte, ich würde sie dir nicht geben. Ich will nie wieder ein Wort davon hören, hast du mich verstanden?»
Susanne schrie zurück: «Und was wird aus mir? Du hast mir versprochen, daß ich auf die Handelsschule gehen darf. Aber Oma bleibt stur, sie steckt mich in die Fabrik.»
«Bis dahin läuft noch viel Wasser den Rhein runter», sagte Mutter tröstend. «Es sind ja noch fast zwei Jahre.»
Aber Susanne wollte nicht warten, bis es zu spät war. Wieder überlegte sie wochenlang. Dann stand für sie fest: Sie mußte den fremden Opa finden und besuchen. Er schien ihre letzte Rettung zu sein.
Nach langem Zögern ging sie zu einem jungen Lehrer und erzählte ihm von ihrem Plan. Der Lehrer hörte ihr geduldig zu. «Das ist eine gute Idee», sagte er.
«Ich weiß ja nicht mal, wo er wohnt», sagte Susanne mutlos. «Ich weiß nur, daß er im Krieg in Essen gewohnt hat.»
Der Lehrer wußte Rat. «Du nimmst euer Familienstammbuch mit und gehst zuerst zum Einwohnermeldeamt. Dort wird man dir weiterhelfen.»
Der Lehrer sorgte auch dafür, daß sie einen Tag schulfrei bekam. Susanne hatte etwas von ihrem Taschengeld gespart, den Rest borgte sie sich von ihrer Freundin Eva, ohne zu verraten, wofür sie das Geld brauchte.

Es war ein stürmischer Herbsttag. Susanne nahm ihren Tornister wie jeden Morgen. Darin steckten das Familienstammbuch und ihr Schulbrot.
«Tschüs», sagte sie, und das Herz klopfte ihr bis zum Hals.
«Trödle nach der Schule nicht rum und komm gleich nach Hause!» rief Oma ihr nach, wie jeden Morgen.
Susanne ging zum Bahnhof. Das Herzklopfen hörte nicht auf. Sie löste die Fahrkarte. Die Zugfahrt dauerte eine Stunde.
Dann stand Susanne auf dem großen Bahnhofsvorplatz in Essen. Sie kam sich vor wie auf einem Karussell in dem Gewirr von Autos und Straßenbahnen. Wohin? In welche Richtung? Lange stand sie da im Gewimmel und traute sich nicht, fremde Leute anzusprechen, um nach dem richtigen Weg zu fragen.
Dann überwand sie sich endlich, ließ sich den Weg beschreiben, stieg in die richtige Straßenbahn und mußte den Schaffner bitten, ihr bei der richtigen Haltestelle Bescheid zu sagen. Alles ging gut. Auf dem Meldeamt gab eine freundliche Frau bereitwillig Auskunft. Der Opa lebte noch in Essen.
Wieder lief Susanne durch fremde Straßen, mußte wieder fragen, lief trotzdem mehrmals falsch, bis sie endlich vor dem richtigen Haus in der richtigen Straße stand.
Es war ein häßliches, graues Mehrfamilienhaus. In der Mauer waren noch Löcher von Bombensplittern. Sechs

Klingelknöpfe, und auf einem Messingschild an einer Tür im Erdgeschoß der Name, der auch ihr Name war.
Susanne brauchte viel Zeit, ehe sie Mut fand, auf den Klingelknopf zu drücken.
Und dann stand er vor ihr in der geöffneten Tür, der fremde Opa.
Ein großer bulliger Mann mit Glatze und Nickelbrille, durch die er sie unfreundlich-neugierig ansah.
Fast automatisch machte Susanne einen Knicks, wollte sprechen, schluckte, schluckte wieder und brachte endlich hervor: «Ich bin Susanne, dein Enkelkind, und brauch deine Hilfe.»
«Ach», sagte der fremde Opa nur, öffnete die Tür weiter und ließ sie eintreten in den Flur und in ein bescheiden eingerichtetes Wohnzimmer. Susanne sah sich erstaunt um. Wie war sie nur darauf gekommen, daß der Opa reich war? Wieso hatte sie sich vorgestellt, daß er in einem großen Haus wohnte?
Er setzte sich ihr gegenüber an den Tisch und fragte: «Wobei soll ich dir helfen? Wie hast du überhaupt hierhergefunden? Weiß deine Mutter davon? Hat sie dich etwa geschickt?»
Susanne saß auf ihrem Stuhl und erklärte und erzählte. Alles sagte sie ihm, was sie zuvor noch nie einem Menschen anvertraut hatte, obwohl er ihr doch so fremd war. Sprach von den Gedichten und Geschichten, die sie

heimlich schrieb. Von ihrem Traum, einmal frei und unabhängig zu sein, allein zu leben in einer Wohnung. Von Konzerten, die sie hören wollte, und auch davon, daß sie ans Theater gehen wollte. Sie wollte spielen und tanzen. Zum Schluß erklärte sie ihm, daß Oma sie als Arbeiterin in eine Fabrik schicken wollte.
Der Opa hörte sich alles mit unbewegtem Gesicht an. Dann ging er in die kleine Küche. Susanne hörte ihn mit Wasser plätschern und Geschirr klirren. Sie wagte nicht, sich von ihrem Stuhl zu rühren.
Erst als er Tee eingegossen hatte, fragte der Opa: «Und du glaubst, du schaffst das alles?»
«Ja», antwortete Susanne überzeugt.
«Weiß deine Mutter von deinen Träumen?»
«Nein!» Und ängstlich fügte sie hinzu: «Sie darf es auch nicht wissen. Sie würde mich nur auslachen. Darum hab ich bis jetzt immer nur gesagt, daß ich ins Büro will. Das gefällt ihr schon.»
Keine aufmunternde Zustimmung, kein Lächeln, aber auch keine Abwehr war in Opas Gesicht.
«Und deine Mutter weiß auch nicht, daß du hier bist?»
«Nein.»
Opa fragte weiter: «Und was soll ich jetzt für dich tun?»
Susanne erklärte ihm, was sie sich in den Wochen zuvor ausgemalt hatte. Daß sie zu ihm ziehen wolle, weil man

in der Großstadt bestimmt leichter eine Lehrstelle finden könnte. Und daß sie glaubte, er könne ihr dabei helfen, wenn er nur ja sagte. Und wenn die Mutter auch damit einverstanden wäre.

«Und wenn deine Mutter nicht einverstanden ist?»

«Dann spring ich in den Rhein!»

Susanne saß da und weinte.

Opa machte keinen Versuch, sie zu trösten. Statt dessen drängte er sie zum Gehen. Er gab ihr den Rat, die Mutter so schnell wie möglich einzuweihen. Zum Abschied an der Tür sagte er ernst: «Ich erwarte euren Besuch an einem der nächsten Sonntage.»

Mutter war fassungslos. Wie wild schlug sie auf Susanne ein. Sie weinte und schrie. «Wie konntest du das nur tun? Wie konntest du das nur tun?»

Und Oma, der in dem kleinen Haus nichts verborgen blieb, kam dazu und tobte ebenfalls und sprach von einer Natter, die man am Busen gezüchtet habe.

Es kamen schlimme Tage und Nächte für Susanne. Die Mutter ging ihr aus dem Weg. Oma sprach nur das Nötigste mit ihr, und Roswitha zischte jedesmal, wenn sie Susanne begegnete: «Natter!»

Aber Susanne ließ sich nicht unterkriegen. Bei jeder Gelegenheit redete sie auf Oma und Mutter ein, ob die ihr zuhörten oder nicht. Manchmal mußte sie weinen, aber sie redete trotzdem weiter. «Wenn ich wirklich so schlimm bin und ihr mich nicht mehr leiden könnt,

warum laßt ihr mich nicht zu Opa gehen? Dann habt ihr Ruhe und müßt euch nicht mehr über mich ärgern.»
Drei Wochen später fuhr die Mutter mit ihr nach Essen. Aber während der ganzen Fahrt sprach sie kein Wort mit Susanne. Sie war ernst und sah immer noch gekränkt aus, und als Susanne später auf dem Weg zu Opa ihre Hand nehmen wollte, zog Mutter ihre Hand weg.
«Komm rein», sagte Opa und ließ Mutter an sich vorbeigehen. «Du bleibst draußen», sagte er zu Susanne. «Deine Mutter und ich haben miteinander zu reden.»
Susanne wußte nicht, wie lange sie auf den Mauerresten vor dem Haus saß, die eine ungepflegte Rasenfläche einschlossen. Irgendwann ging das Fenster über ihrem Kopf auf. Mutter rief Susanne zum Tee herein.
Schon an der Wohnungstür platzte Susanne mit der wichtigsten Frage heraus: «Ziehen wir nun um?»
«Setz dich hin und trink deinen Tee!» sagte Opa. Er und Mutter wirkten ernst und verschlossen. Was die beiden miteinander besprochen hatten, erfuhr Susanne nicht.
Auf dem Rückweg bestürmte sie Mutter mit Fragen. Aber Mutter schien sie nicht einmal zu hören. Kurz bevor sie zu Hause ankamen, sagte sie nur: «Hoffentlich begreifst du eines Tages, was du mir damit angetan hast.»
Susanne erfuhr auch nicht, was Mutter und Oma miteinander besprachen.
In den folgenden Wochen fuhr Mutter mehrmals allein

nach Essen. Wenn sie dann nach Hause kam, sagte sie «Tach» und machte die Tür zu ihrem Zimmer hinter sich zu.

Dann endlich, an einem Sonntagabend – sie saßen gerade beim Abendbrot – sagte Mutter plötzlich: «Ich zieh mit Susi nach Essen zum Opa. Wir haben alles geregelt. Roswitha kann sich überlegen, ob sie mitkommen will oder nicht.»

Roswitha wollte nicht. Oma tobte und war nicht zu beruhigen.

Die vielen Wochen bis zum endgültigen Umzug waren schlimm. Keiner sprach mit Susanne, nur, was unbedingt nötig war. Auch die Freunde zogen sich langsam von ihr zurück, weil sie ja nun nicht mehr zu ihnen gehörte. Susanne ertrug das alles. Sie war ihrer Sache so sicher. Sie wollte weg aus diesem Haus, weg von Oma und Roswitha.

Susanne und Mutter konnten nur wenig mit nach Essen nehmen, weil Opas Zweizimmerwohnung zu klein war. Er behielt sein altes Schlafzimmer mit den beiden Ehebetten. Susanne und Mutter mußten im Wohnzimmer zusammen in einem Bett hinter einem Paravent schlafen. Aber all das machte Susanne nichts aus. Sie war glücklich, daß sie Mutter endlich ganz für sich allein hatte. Sie gingen zusammen ins Kino und hinterher in eine Konditorei, sie machten lange Spaziergänge und Einkaufsbummel. Mutter hatte schnell eine neue Arbeit gefun-

den. Sie arbeitete in einem Zeitungsverlag an einer Papierschneidemaschine. Es machte ihr sogar Spaß.
Mit Opa verstand Mutter sich nicht gut. Susanne verstand sich auch nicht besonders mit ihm. Aber sie lernte eine Menge von dem fremden Opa. Sie lernte, mit Messer und Gabel umzugehen und eine Serviette zu benutzen. Sie lernte, daß man bei Tisch nicht die Ellbogen aufstützt und nicht mit den Beinen baumelt.
Opa sprach viel Englisch mit ihr. Das machte ihm Spaß. Ihm imponierte, daß Susanne es konnte. Auch der Lehrer in der neuen Schule war erstaunt, denn er wußte ja, daß sie von einer Schule kam, in der die Sprache nicht gelehrt wurde.
Mit den neuen Klassenkameraden verstand Susanne sich gut, und ihr erstes Zeugnis war viel besser als in der alten Schule.
Susanne war nicht mehr dünn und platt und ließ sich zum erstenmal die Haare wachsen.
Während des letzten halben Schuljahres bewarb sie sich vierunddreißigmal um eine Lehrstelle. Opa zeigte ihr, wie ein Bewerbungsschreiben aussehen muß. Vierzehnmal kam sie in die engere Wahl und wurde zu einer Prüfung eingeladen. Dann bekam sie dreizehn Absagen. Und immer noch hatte sie nicht den Mut verloren.
Die vierzehnte Prüfung hatte sie bei der Stadtsparkasse abgelegt.

Dann kam der Brief:

«Sie haben die Aufnahmeprüfung bestanden, und wir erwarten Sie am 2. April 1954 um acht Uhr in der Empfangshalle unserer Hauptstelle in der Kettwiger Straße.»

Sie war Lehrling bei der Stadtsparkasse! Sie hatte den ersten Schritt geschafft.
Da war Susanne sicher, alles andere würde sie auch noch schaffen.

Ole Røsholdt

Jacob und die Gaukler

Gaukler sind in der Stadt! Jacob steht fasziniert auf dem Lübecker Marktplatz und bestaunt ihre Zauber- und Kunststücke. Kurze Zeit später verliert er seine Stellung als Küchenjunge, weil er der Wirtstochter Ursula zur Flucht mit einem dänischen Junker verholfen hat. Plötzlich ganz allein, schließt sich Jacob zunächst Zigeunern an, dann den Gauklern, die auf dem Weg nach Norwegen sind. Hier entdeckt Jacob nicht nur sein akrobatisches Talent, er findet auch Ursula wieder, die in einer fast ausweglosen Lage ist…

Eine Aufzeichnung in einem Kirchenbuch aus dem Jahre 1507 regte den Norweger Ole Røsholdt zu diesem spannungsreichen Roman an, mit dem ein Stück Hanse-Geschichte lebendig wird.

Dressler

Vor fünfzig Jahren

Bücher über die nationalsozialistische Vergangenheit, über Krieg, Rassismus und Verfolgung.

Dietrich Seifert
Einer war Kisselbach *Ein Jugendroman*
(rotfuchs 255 / ab 13 Jahre)

Lutz van Dick
Der Partisan *Das kurze Leben des Hirsch Glik*
(rotfuchs 593 / ab 13 Jahre)
Die biographische Erzählung über den Dichter und Widerstandskämpfer Hirsch Glik in der Nazi-Zeit.
Der Attentäter *Herschel Grynszpan und die Vorgänge um die «Kristallnacht»*
(rotfuchs 527 / ab 14 Jahre)
Verdammt starke Liebe *Eine wahre Geschichte*
(rotfuchs 597 / ab 14 Jahre)
Niemand versteht den polnischen Jungen Stefan. Warum treibt der sich so oft mit dem jungen deutschen Soldaten herum? Als dieser Soldat an die Ostfront geschickt wird, verzweifelt Stefan...

Wolfgang Kirchner
Wir durften nichts davon wissen *Ein Jugendroman*
(rotfuchs 140 / ab 12 Jahre)
Danzig, März 1945. Für die Brüder Wolfgang und Diti und ihre Familie ist der Krieg zu Ende: die Russen sind da.

Gerd Fuchs
Die Amis kommen *Ein Hitlerjunge erlebt das Kriegsende*
(rotfuchs 359 / ab 13 Jahre)
Florian hört, daß seine Eltern ihn und sich selber vergiften wollen, wenn der Krieg «verlorengeht». Aber er will leben!

Sigbert E. Kluwe
Glücksvogel *Leos Geschichte*
(rotfuchs 623 / ab 14 Jahre)
Leo hält sich für einen Glücksvogel, denn er hat viele Jahre in den Kerkern und Lagern der Nazis überlebt und seinen Traum verwirklicht, Künstler zu werden. Erzählt wird seine Geschichte von der Verhaftung durch die Gestapo bis zu seiner abenteuerlichen Flucht.

Martin Selber
Geheimkurier A
(rotfuchs 123 / ab 11 Jahre)

Ilse Koehn
Mischling zweiten Grades *Eine wahre Geschichte*
(rotfuchs 635)
Wegen ihrer jüdischen Großmutter galt Ilse Koehn nach den Nürnberger Gesetzen der Nazis als «Mischling zweiten Grades». Sie erzählt ihre Geschichte.

Horst Burger
Warum warst du in der Hitler-Jugend? *Vier Fragen an meinen Vater*
(rotfuchs 194 / ab 13 Jahre)
Ein Vater stellt sich den Fragen seines Sohnes.

rororo rotfuchs